プロジェクト活動

知と生を結ぶ学び

田中智志 ──［著］
橋本美保

東京大学出版会

Project Activities in Education:
Learning as Linking Life and Wisdom
Satoshi TANAKA & Miho HASHIMOTO
University of Tokyo Press, 2012
ISBN 978-4-13-051320-3

はしがき

　プロジェクト活動は、「総合的学習」「協働的学び」「探究型学習」などの教育活動の中心に位置づけられている。このプロジェクト活動は、一方で、教育の理想として高く掲げられてきたが、他方で、教育失敗の原因としてスケープゴートにされてきた。「学力低下の原因は総合的学習にある」といわれるように。

　プロジェクト活動をめぐるこの相矛盾する評価は、どこか、かつてのジョン・デューイの教育思想への評価を思い出させる。デューイもまた、熱狂的なほどに高く評価される一方で、教育から知性を奪う元凶であるかのように激しく非難されてきた。そして、興味深いことに、プロジェクト活動の源流の一つは、このデューイの教育思想である。

　本書の目的は、こうしたプロジェクト活動が本来的にもつ意義と、その意義を説得的に語る困難さを、知（能力）の様態と生（生活）の様態という二つの様態論から、できるだけ具体的に描くことである。そこで引き合いにだされるのが、現代のフィンランドのプロジェクト活動であり、大正期の日本の教育実践であり、ヘルバルトとデューイの知の概念であり、幼小連携についてのアメリカ進歩主義教育論であり、大正昭和期の日本の教育思想であり、ハイデガーとデューイの生の概念である。

　プロジェクト活動は、狭い意味での意図・機能としては語りえない営みである。いいかえれば、プロジェクト活動の意義は、近代的な価値概念である自律性・有用性という観点からだけでは語りえない。子どもを個人として自律させるとか、政治経済的に役に立つ人材に育てるといった、狭義の生産性を規準として見ているかぎり、プロジェクト活動の教育的意義は見えなくなってしまう。

　最終的に、私たちは、プロジェクト活動は存在論的な地平につながっていると考えるようになった。その地平を形容する言葉は、たとえば「協同」であり、

たとえば「愛他」である。むろん、私たちがたどり着いた結論は暫定的なものである。異論も多いかもしれない。それでも、この本を作ることが一つのプロジェクト活動であったことは、まちがいない。

すでに、本書につづく、次のプロジェクトも動きはじめている。おそらく新しい知の地平を開く試みは、さらに新しい知の地平を開く試みを誘発するのだろう。探究は、その歓びとともに、そして協同の衝迫とともに、新たな探究を喚起するようである。その試みがどこに向かうのか、今の私たちにはわからない。昨年、このような本ができるとは予想もしなかったように。

訳語について、簡単にふれておきたい。デューイのoccupationという言葉は、これまで「仕事」「作業」と訳されてきたが、ここではおもに「専心活動」と訳している。文脈にもよるが、この言葉がおもに「心を占める自発的な活動」という意味で用いられているからである。また、ヘルバルトのApperzeption（apperception）も、これまでは「類化」「統覚」と訳されてきたが、「意識的認知」と訳している。字義から意味内容を類推しやすくするためである。

プロジェクト活動──目　次

はしがき　i
　　凡　例　vi

序　章　プロジェクト活動を考える……………………………1
　1　プロジェクト学習　1
　2　プロジェクト活動への批判　9
　3　知の様態と生の様態　12
　4　本書の目的と構成　19

第 I 部　プロジェクト活動と知

第1章　プロジェクト活動としての「手工」…………………27
　　　　　──フィンランドのカリキュラム
　1　カリキュラムの原義　27
　2　プロジェクト型カリキュラム　29
　3　フィンランドのプロジェクト活動　32
　4　専心活動としての「手工」　38

第2章　プロジェクト活動としての「生活単位」……………45
　　　　　──及川平治の分団式動的教育論
　1　生活と学校の分離　45
　2　大正新教育の少人数指導　49
　3　及川平治の生活単位論　54
　4　及川の動的教育論　59
　5　「真理の探究」と教師　65

第3章　プロジェクト活動と知…………………………………69
　　　　　──表象知と生の経験
　1　なぜ「太陽」は勝ったのか　69
　2　表象知が看過する生の経験　74
　3　知の方法化が見失う生の経験　80
　4　生の経験と生活経験　86

第Ⅱ部　プロジェクト活動と生

第4章　幼小連携とプロジェクト活動 ……………………………93
　　　　――教育情報の伝達とその困難

1　幼小連携とプロジェクト活動　93
2　ホールの児童研究とデューイの社会的生活　95
3　進歩主義教育の幼小連携論　99
4　日本への幼小連携の伝達　106
5　教育情報の伝達とその困難　113

第5章　「協働自治」に向かうカリキュラム ……………………117
　　　　――野村芳兵衛の生活教育論

1　有用性とカリキュラム　117
2　有用性を志向する生活教育論　122
3　「協働自治」を支える「生命」　129
4　生活教育と存在論的思考　135

第6章　プロジェクト活動と存在 …………………………………141
　　　　――有用性と道具性

1　キルパトリックのプロジェクトとデューイ　141
2　デューイの構成的な専心活動　145
3　有用性と道具性　153
4　専心活動の存在論　161

終　章　プロジェクト活動という指標 ……………………………167

1　機能的分化と教育　167
2　教育を支える愛他の意思　172
3　プロジェクト活動という指標　177

あとがき　183
初出一覧　186
索　引　187

凡　例

1　邦訳書を参照した場合、(原著年＝邦訳年) のような形で示し、訳文は、適宜、変更した。
2　引用文献の旧字体は新字体に改めた。また、適宜、[　] を用いて字句を補っている。読みやすさを考えて、現代仮名づかいを用い、一部、読点を句点に変更した。
3　原文中の傍点は、特に断りのない限りこれを省いた。
4　文献に関して、下記のように略記を用いたものがある。

Dewey, John　1996　*The Collected Works of John Dewey, 1882-1953: The Electronic Edition*, edited by Larry A. Hickman. Charlottesville, Virginia: InteLex Corporation.

AE＝*Art as Experience* (1934 lw. [＝later works] 10)/*CC*＝*The Child and the Curriculum* (1902 mw. [＝middle works] 2)/*DE*＝*Democracy and Education* (1916 mw. 9)/*EE*＝*Experience and Education* (1938 lw. 13)/*HWT1*＝*How We Think* (1910 mw. 6)/*HWT2*＝*How We Think* (1933 lw. 8)/*MPC*＝"My Pedagogic Creed" (1897 ew. [＝early works] 2)/*MPE*＝*Moral Principles in Education* (1909 mw. 4)/*PP*＝*The Public and Its Problems* (1927 lw. 2)/*SS*＝*The School and Society* (1st edn. 1899/rev. edn. 1915 mw. 1)

Nietzsche, Friedrich　1999　*Friedrich Nietzsche Sämtliche Werke: Kritische Studienausgabe*. 15 Bde. Berlin und New York: Walter de Gruyter.

MA＝*Menschliches, Allzumenschliches*, I/II, Bd. 2.
NF＝*Nachgelassene Fragmente 1869-1874*, in Bd. 7.
NS＝*Nachgelassene Schriften 1870-1873*, in Bd. 1.
ZB＝*Über die Zukunft unserer Bildungsanstalten*, in Bd. 1.

Hegel, Georg Wilhelm Friedrich　1991　*Georg Wilhelm Friedrich Hegel Werke*. 20 Bde. Taschenbuch. Frankfurt am Main: Suhrkamp Verlag.

PG＝*Phaenomenologie des Geistes*, in *HW* Bd. 3.

序　章　プロジェクト活動を考える

　本章で論じることは、プロジェクト活動の本態を理解するために必要な枠組みである。近年の例をあげれば、プロジェクト活動は、2000（平成12）年に公示された学習指導要領に記された「総合的な学習の時間」、2008年に公示された学習指導要領に記された「探究型学習」の中心に位置している活動である。さかのぼれば、こうしたプロジェクト活動は、デューイの「専心活動（作業）オキュペーション」、キルパトリックの提唱した「プロジェクト・メソッド」に帰着し、大正新教育においてアメリカから導入されたさまざまなタイプのカリキュラム論に見いだされる。プロジェクト活動は、教育界の人びとの注目を集め、これまでにも何度も導入されてきたが、なかなか定着してこなかった。その理由はどこにあるのか。また、その失敗にもかかわらず、そこに見いだされるべき肯定性とは、どのようなものか。その理由を、知の様態と生の様態という二つの観点から探究しよう。

1　プロジェクト学習

「先生、もう少し黙ってて！」
　ある小学校のある日の理科の授業で。子どもたちはいくつかのグループに分かれて「レインボーカクテルを作る」という課題に取り組んでいる。「レインボー」というものの、二色の層からなる水溶液をつくるという授業である。90分の授業で、始まって20分。
　「材料はこれだけでしょ。」
　「［試しに］混ぜてみるか？」
　あるグループの子どもたちが、水と砂糖を混ぜた液体に異なる色を付けて、一つのビーカーに注ぎ込んだ。注ぎ込まれた二つの色の砂糖水は、もやもやと

混ざりあってしまった。そこで、今度は食塩を用いてやってみる。しかし、砂糖のときと一緒。二つの色の塩水は混ざりあってしまった。

　「だめだ！」

　「どうしたらいいんだろう……」

あきらめとも聞こえるつぶやきがあちこちで聞かれる。理科の教師、市川寛教諭は、そろそろ限界だろうと思い、子どもたちにヒントを与えようとした。まず、軽く子どもたちにふってみる。

　「そろそろ、ヒントが必要かな？」

なぜか子どもたちは市川先生のほうを向かない。

　「じゃあ、ヒントを教えるよ。」

そう先生がいうと、今まで友だちと話し合っていた子どもたちはむっとした感じでいった。

　「先生、もう少し黙ってて！」

　「せっかく考えているのに！　つまらなくなる！」

先生は、子どもたちの声に圧倒されてしまった。

問いの連鎖から達成感へ

授業をはじめて30分がたった。教室のなかは、流動的でごちゃごちゃした話し合いの輪がいくつもできては消える、という状態が続いていた。作りたいと願ったものがなかなかできない。子どもたちは明らかに困難に直面していた。教室は、どんどん騒がしくなっていく。実験をしては失敗し、原因を考え、また実験をする。そんな繰りかえしが延々と続いている。

突然、あるグループの子どもが「でもさ、水と油のときは、二つの液体が分かれるのはどうしてだろう？」とつぶやいた。一瞬、そのグループだけでなく、教室全体がシーンと静かになった。そして「なんだ！　そうか！」という声があちこちであがった。

　「重いから下に沈むんだ！」

　「ということは、下に重い液体を入れて、上に軽い液体を乗せるといいんだ！」

　「水の重さを変えたらいいんだ。」

子どもたちは、一定量の水に溶かす砂糖や食塩の量を変えれば、水溶液の重さが変わることを知っていた。子どもたちは次つぎに、比重の異なる液体にそれぞれちがう色をつけて、二つの層に分けた。二色しかないが、見事にレインボーカクテルができあがった。

　これは、2009年に山梨学院大学附属小学校で行われた「探究型学習」（「プロジェクト学習」の一つ）のひとこまである（市川 2010）。この実践と同じような「探究型学習」は、東京コミュニティスクールでも行われている。たとえば、水道の水はどこから来るのか、トイレに流した水はどこにいくのか、汚れた水はどうすればきれいになるのか、などなど、水にまつわる疑問をフィールドワーク、工作実験を中心に探究する授業——いわゆる「水プロジェクト」が同スクールでは行われている（市川 2009）。

プロジェクト活動

　2008年3月に告示された学習指導要領には、こうした「探究型学習」が「総合的な学習の時間」で行われるべきだと記されている。しかし「探究型学習」は「総合的な学習の時間」が導入される以前から「プロジェクト・メソッド」「問題解決学習」と呼ばれて実践されてきたし、諸外国においても実践されてきた。「探究型学習」は、教科や教科外においても追究しうる「プロジェクト活動」を中心としたカリキュラムである。のちに確認するように、たとえば、世界一の学力を誇るフィンランドの教育を支えてきたものも、このプロジェクト活動を中心としたカリキュラムである。

　ここで「プロジェクト活動」と呼ぶ教育的な営みは、ごく概括的にいえば、問題解決（課題達成）を中心にすえた、おもに子どもたち自身が行う専心的かつ反省的な活動である。こうしたプロジェクト活動は、その深さを問わなければ、「プロジェクト」という言葉を冠したカリキュラムにおよそ共通して見られる営みである。たとえば、「プロジェクト学習」（project-based learning）、「プロジェクト型授業」（project-based instruction）、「プロジェクト・アプローチ」（project approach）、「プロジェクト・スペクトラム」（project spectrum）などは、こうしたプロジェクト活動をふくんでいる。

　さかのぼるなら、こうした問題解決（課題達成）中心のプロジェクト活動の

起源は、20世紀初頭のアメリカにおいてデューイ（Dewey, John 1859-1952）、キルパトリック（Kilpatrick, William H. 1871-1965）らが展開した「進歩主義教育運動」に求められるだろう。もっとも、精確にいえば、日本に移入されたプロジェクト論は、デューイ、キルパトリックのプロジェクト論というよりも、デューイ、キルパトリックにかかわりのある人びとのプロジェクト論である。それは、たとえば、スニッデン（Snedden, David 1868-1951）、レンドール（Randall, John A. 1881- ?）、ブラノム（Branom, Mendel E. 1889-1963）、ヒル（Hill, Patty S. 1868-1946）などが論じたプロジェクト論である（Snedden 1916; Randall 1915; Branom 1919; Hill 1923）。1910年代のアメリカでは、デューイ、キルパトリック以外の多くの人びとが教育形態としての「プロジェクト」を論じていた。ちなみに、その嚆矢は、おそらく1900年にリチャーズ（Richards, Charles R. 1865-1936）が書いた「ホレース・マン・スクールの手作業」という論文だろう（Richards 1900）。

反省的思考と専心活動（作業）

　こうしたプロジェクト活動を特徴づけるものの一つは、デューイが語った「反省的思考」（reflective thought/reflective thinking）である。デューイは、知識が頭のなかにただ蓄積されることではなく、知識技能がよりよい生き方を求める実際の生活や体験学習における「問題解決（課題達成）」の過程において反省的に活用されること、つまり「生きて働くこと」を重視した。それが、①問題（課題）の把握 → ②事実の観察、問題構造の整理 → ③予想や仮説による問題解決（課題達成）の示唆 → ④仮説を緻密なものへ練りあげる推論 → ⑤証拠による検証、という5段階に分けられる「反省的思考」である（Dewey 1996, HWT 1, mw. 6; HWT 2, lw. 8）。

　プロジェクト活動を特徴づけるもう一つが、これもデューイが語った「専心活動（作業）」（occupation）である。デューイは、反省的思考をともなう問題解決（課題達成）の過程を学習活動の「単元」と見なすとともに、個人主体の意図を超え自他の連関、世界の連関を示す専心活動の過程と見なしていた。専心活動は、たんに夢中になって行われる活動ではなく、活動の目的が個人主体の意図を超えることで、よりよい生の本態（後述する「協同性」）が暗示さ

れる活動である。アメリカにおいては、こうした専心活動を中心とした教育論は、「為すことによって学ぶこと」(learning by doing)を主張するデューイの弟子たちによって広められた。たとえば、キルパトリックの「プロジェクト・メソッド」や、陶行知（とうこうち）（1891-1946）の「生活教育」などは、そうした教育実践の一つである。

プロジェクト活動による農村の生活改善

　デューイのいう反省的思考と専心活動を中心とするプロジェクト活動が、そのころにどのように理解され、また実践されたのか、ここでは中国の教育者、陶行知の実践を紹介しながら、具体的に例示してみよう。陶は、コロンビア大学でデューイに師事し、帰国後、中国での教育革命を志して「生活教育論」を提唱した。その典型的な実践例は、陶が南京郊外に設立した暁荘学校（小学校）において実践した「自然科」の授業である。宋（2003）の研究にそって、その授業を紹介しよう。

　暁荘学校に通う生徒が住む村は、南京から5キロほど離れたところにあり、村の川は、南京からの下水が流れ込むために、かなり汚染されていた。村人は、その川の水を生活用水として使い、地下水を井戸で汲みあげ、飲用していた。しかし、やがて地下水も汚染されたため、教師は、ある日の朝の会で「生水の飲用禁止」を生徒たちに告げた。そのとき、生徒たちは「なぜ、生水は飲めないの？」「生水のなかに何かあるの？」などと、さまざまな質問を発した。そこで、教師は「よし、それでは、「自然科」の授業でゆっくり考えてみよう」と、生徒たちに提案した。

　朝の会が終わると、教師と生徒は、ともに図書室で水にかんする参考書を探し、また顕微鏡を用いて川の水のなかに沢山の不純物がふくまれていることを発見した。生徒たちは、参考書を調べるうちに、日常生活に応用できる、水の浄化方法として、沈澱法、煮沸法、蒸留法、濾過法があることを知り、そのなかから、濾過法を利用して、水を浄化してみようと考えた。生徒たちはいくつかのグループにわかれて、濾過器づくりに必要な材料や情報を収集し、参考書を読みながら、濾過器を作り始めた。生徒たちは、自分たちの作った濾過器がうまく水を浄化できているかどうか、試行錯誤を重ね、改良を施し、最終的に

自分の手で作った濾過器で水を浄化することに成功した。その途中、いくつかの問題に直面するたびに、生徒たちは互いに意見を出し合い、書籍を調べ、問題の解決を試みた。その間、教師は、生徒たちにいくつかの助言は与えたが、正しい答えを決して教えなかった。

　その後、生徒たちは、自分たちの取り組みの最初から最後までを思い出して、教師と一緒に整理し、記録を作成した。そして、その記録を手に、彼らは自分の家で濾過器を作り、近所の人にもその方法を教えて、水を浄化することを広めた（以上、宋 2003: 70 からの引用・抜粋）。

問題解決の学習単元

　陶の企画した「自然科」の授業は、先述の「反省的思考」の5段階をふくむまさに「問題解決」の学習単元である。この授業の流れは、次のように分節化できる。

1. 問題の把握——生徒たちが「生水が飲めないのはなぜか？」という問題に直面し、疑問を呈すること。
2. 事実の観察、問題の整理——生徒たちが協力し、川の水に沢山の不純物がふくまれていることを発見すること。
3. 予想・仮説による問題解決の示唆——生徒たちが協力し、「濾過器を作る」という、水を浄化する方法を考えること。
4. 仮説を緻密なものへ練りあげる推論——生徒たちが試行錯誤を重ねながら、濾過器を実際に作成すること。
5. 証拠による検証——生徒たちが協力し、濾過器を完成させ、水が浄化できていることを確かめること。
6. 問題解決法の生活への適用——生徒たちが、問題解決方法を整理し、自分たちの生活に適用し、生活を改善すること。

活動主義と生活教育

　暁荘学校では、教師と生徒が実際の生活から「水質汚染」という問題を見つけ、その問題を解決するための活動が、授業の中心にすえられていた。陶が「活動主義」と形容するこのような問題解決型授業は、子どもたちの「生活」

と密接に結びついていた。陶は、生活の主体である子どもたちが、現実の自己・生活を変革しながら新しい自己・生活を作りだしていくことを理想とし、そのために教育が重要な役割を果たすべきだ、と考えていた。これが、陶のいう「生活教育」である。

陶の「生活教育」について確認したいことは、陶が知識を、生活上の問題解決の手段として機能的に位置づけていることである。いいかえれば、書物が、たんに文字を覚えたり知識を得るための印刷物ではなく、生徒たちの生活上の問題を解決し、現在の生活をよりよいものへと改善するための道具として用いられていることである。こうした知を活用することの目的、陶の「生活教育」の向かうところは、機能的だとはいえ、国家や経済ではなく、生徒たちの生活それ自体にあった。

真の問題解決が視野の拡大を求める

ひるがえって、現代の日本に目を向けるなら、陶の考えたとおりの問題解決学習を、現代の学校で行うことは難しい、と思われるだろう。現在の日本では、上水道が整備されており、日々の生活のために、子どもたちが水を浄化する必要はないからである。しかし、実際に私たちは、日々の生活のために膨大な量の水を汚している。もしも、そうした水がいっさい浄化されることなく川に流れ込めば、川はたちまちひどく汚染されるだろう。そうした汚水は、だれかの手によって浄化されている。私たちは、自分たちが生きることの、いわばツケを、だれかに払わせている。その事実を具体的に確認することは、先にふれた「水プロジェクト」のようなテーマ探究型のプロジェクト学習となる。プロジェクト学習に必要なことは、思考を支えている文脈を拡大し充実させるための活動を、子どもたち自身が行うことである。そうした活動につながりやすいのが、生活上、解決を要する問題である。

しかし、もっとも重要なことは、「問題解決」といいつつも、真の問題解決がきわめて困難であることだろう。というのも、問題解決は、自分たちが直面した問題だけを解決しても終わらないからである。たとえば、水質汚染という問題の解決策を、自分たちの飲料水確保のための濾過器作成という解決策にとどめるなら、それは、水質汚染という問題の真の解決にならない。水質汚染と

いう問題は、他の人びと、他の生き物、ひいては地球全体にとっての問題でもあるからである。「そんなことは自分には関係ない」といって、その事実を看過することはできない。世界のつながりを、自分たちの利害が及ぶ範囲に限定することは、倫理的に考えれば、誤りである。真の問題解決を倫理的にはかろうとするかぎり、私たちは、視野を他者へ、他の生命へ、そして過去へ、未来へと広げなければならない。それは、反省的思考をたんなる活用（有用性）にとどめず、よりよい生（生活）へと向かわせることであり、同時に問題解決が終わりなき未完の課題として立ち現れることを意味している。

プロジェクト活動が開く視界

のちに（第6章）明らかにするように、デューイがプロジェクト活動によって最終的にめざしたことは、知識技能の活用が真の問題解決に向かうように視野を拡大充実させることである。デューイは、学校を「デモクラシー」を疑似体験する場所として位置づけた。いいかえれば、学校を「デモクラシー」を体現する小宇宙にしようとしていた。デューイにとっての「デモクラシー」は「協同性」（associated[ness]）だったが、デューイにとっての「協同性」とは、たんなる「協力」（cooperation）や「協働」（collaboration）ではなかった。それは自分の経験が他者の経験、他の生命の経験へ、また過去の経験、未来の経験へとつらなることだった。社会を協同的に形象化することで、子どもたちは真に解決すべき問題を構想し、真の反省的思考を展開できると、デューイは考えていた。

したがって、デューイにとっては、プロジェクト学習における教師の役割は、きわめて大きかった。プロジェクト学習において、教師は、子どもに好きなことをやらせ、子どもをただ見守る存在ではなく、学習の真の目的を子ども自身が見つけだし、子ども自身が不断に反省的思考を再構築し続けるように、いいかえるなら、子ども自身が自分の人生をよりよく物語るために、子どもを入念に支援し、自分の働きかけそのものをよりよく物語化する存在だった。教師が子どもと活動の目的を共有し、子ども自身が知的な真実を発見したかのように仕向け、さらにその知的な真実を方向づける理想へと向かわせるという教師のストーリーテリングが、プロジェクト学習を成功させる鍵だった。

2 プロジェクト活動への批判

デューイへの批判

こうした思想をふくみもっていたプロジェクト活動（学習）は、高く評価されただけでなく、厳しく非難されてきた。デューイ当人への非難は、とりわけ激しかった。たとえば、1952年に雑誌『タイム・マガジン』は、デューイを「ヒトラー以来のもっとも危険な男」と呼んでいる（*Time Magazine* Mar. 17, 1952）。また、1953年から1961年にかけて第34代アメリカ合衆国大統領をつとめたアイゼンハワー（Eisenhower, Dwight D. 1890-1969）は、1959年に雑誌『ライフ』で、アメリカ教育が失敗した原因をデューイに帰した（"Private Letter of the President," *Life* 46[Mar. 16, 1959]: 104-106）。

近年においても、アメリカの教育学者のラヴィッチ（Ravitch, Diane）は、デューイを厳しく批判している。彼女は、デューイの提唱する「共同体」（community）志向の教育は、個人主体の「自律性」をはばみ、他者への依存、国家への依存をつよめ、結局のところ、危機を乗り越えるための「ヴァーチュ」（virtue）を失わせる、と非難している。また、デューイは「社会生活」（social living）を強調するあまり、つまり「生活への適応」を重視するあまり、教科の系統性、知性の厳密性を軽視するという態度、すなわちホフスタッター（Hofstadter, Richard 1916-70）のいう「反知性主義」（anti-intellectualism）に陥っている、と批判している（Ravitch 2000: 308）。ラヴィッチにとって、デューイの強調した「社会的生活」は、相互依存・相互扶助的な世界のつながりではなく、既存の社会の規範に従い、機能的に助けあい、市場的に交換しあうことである。これは、デューイの教育思想の明らかな誤読である。

大正新教育への批判

日本に目を転じてみよう。大正期から昭和初期にかけて、日本に、デューイ、キルパトリックの教育論とともに、アメリカから「プロジェクト学習」という考え方が導入されてきた。「大正新教育」（「大正自由教育」）と呼ばれてきたさまざまな営みのなかに、そうしたプロジェクト学習がふくまれていた。たとえば、後述するように、「動的教育論」を提唱した及川平治（1875-1939）や、少

し時代が下るが「生活教育論」を展開した野村芳兵衛（1896-1986）は、この時期に、もっとも豊かな広がりをもつプロジェクト活動論を日本で展開した。しかし、この「大正新教育」も、よく知られているように、一方で高く評価されながら、他方で厳しく批判されてきた。

　大正新教育は、しばしば、デューイやキルパトリックの「反知性主義」に傾いている、と批判された。たとえば、1978年に出版された『大正の教育』という研究書は、大正新教育の理論的支柱としてデューイやキルパトリックの教育論を見いだしつつ、その教育論を次のように断罪している。「新教育の理論的支柱が主としてデューイやキルパトリックの経験主義的学習論、［また］新カント派の理想主義の哲学にあったことも、［新教育が］教育方法の合理性を確保し得ない原因になっていたと思われる。すなわち、［新教育においては］人間的成長にとって不可欠の教科・教材の科学的な系統性・順次性及び、教師の指導性が、教科指導の「生活化」のもとに等閑に付され、個別的な教科研究が十分になされなかったからである」（天野 1978: 405）。

権力に対抗する教育運動

　また、プロジェクト学習をふくむ大正新教育が日本の教育界に根付かなかった理由も、その思想的な弱さに見いだされてきた。たとえば、教育学者の中野光は、「体制」による「弾圧」のみならず、思想的な弱さのために、大正新教育は、日本の教育界に「形式」としてのみ受け容れられるにとどまった、という。「［大正］自由教育およびその運動は、1924年（大正13年）をピークに、退潮の方向をたどるが、その大きな理由は、権力による干渉と弾圧にあった。それは、実は、日本の政治的反動化と軌を一にしていた」。しかし「［大正］自由教育の思想構造は、天皇制国家権力が反動化していくとき、必然的に体制内に閉じこめられていく基本性格を帯びていた」と（中野 1968: 239, 242）。「大正自由教育は千葉師範付小の教育やダルトン・プランとか「学習法」に代表されるような学習方法の次元における改革運動にとどまり、教育内容政策に対するインパクトはきわめて微弱であった」「教育内容においては国家権力の統制を殆ど容認してしまっていた」（中野 1968: 271）。

　なるほど、「大正新教育」の教育運動としての側面を考えれば、そのとおり

だろう。しかし、運動論の視点をはずすなら、大正新教育の、すくなくともプロジェクト学習は、いまだ充分に把握されていない、重要な肯定性をふくんでいるのではないか。「体制」の権力や「時代」の要請に正面から対抗しえないことよりも、すくなくともプロジェクト学習にふくまれていながら、はっきりと把握されていない肯定性を把握するべきではないか。それは、「体制」や「時代」が求めていた基本的に有用な能力からずれてしまうもの、その圧倒的な勢いのなかでかき消されがちなものかもしれない。しかしそこにこそ、プロジェクト学習が本来語るべき肯定性があるのではないか。

わかる（できる）という営みの重層構造

すくなくとも、「対抗力」や「生産性」といった有用性志向の言葉で「大正新教育」を理解しようとするかぎり、そこにふくまれていた有用性志向を超える肯定性をとらえることはできない。同じことは、アメリカのデューイ批判についてもいえるだろう。また、デューイのプロジェクト学習が、大正期の日本に移入されたとき、移入者自身の見方も、きわめて狭い意味での問題解決という考え方に傾いていたのではないか。いいかえれば、大正期の日本の新教育移入者たちは、デューイのプロジェクト学習を、世界・歴史の全体に広がるつながりという観点から考えていなかったのではないか。同じことは、アメリカのプロジェクト活動の喧伝者についても、いえるかもしれない。

おそらく、プロジェクト活動を理解するうえでもっとも重要なことは、「能力」すなわち〈わかる（できる）〉（knowing [being able]）という営みの重層構造の把握である。いいかえれば、デューイの提唱したプロジェクト学習を理解するためには、教育の基礎である〈わかる〉という営みの重層構造を把握しなければならない。とりわけ〈わかる〉という営みが本来的に言語化困難な層をふくんでいることに留意しなければならない。〈わかる〉という営みは、表象（命題・言明）の意味を知るという表象的に〈わかる〉という層と、〈できる〉と連続している遂行的に〈わかる〉という層という、二つの層からなる。そして、後述するように、言語化が困難である遂行的に〈わかる〉という営みこそ、有用性志向を超える倫理、デューイのいう「協同性」の経験につらなっている。

3　知の様態と生の様態

形式陶冶と実質陶冶

　ここで〈わかる〉という営みを把握するために、近代教育学において語られてきた「実質陶冶」（materielle [materiale] Bildung 思考内容の形成）、「形式陶冶」（formale Bildung 思考形式の形成）という二つの概念に立ちかえってみよう。のちにとりあげる教育思想家がこの二つの概念を問題にしていたからであるが、またこの二つの概念が、現代の学力論を考えるうえでも一定の意義をもっているからである（近年の学力概念については、松下（2010）を参照）。大まかにいえば、教科のような一定の領域の知の習得（能力の形成）が生じることは「実質陶冶」といえるだろう。そして、先行するある領域の知の習得（能力の形成）が後続の他の領域の知の習得（能力の形成）に間接的に寄与し、先行する知の形式が後続する知の形式として活用されることは「形式陶冶」といえるだろう。

　「実質陶冶」も「形式陶冶」も、もともとドイツで1900年代までに広く使われるようになった言葉である。「形式陶冶」という言葉の使用例は早く、すでに1790年代から1810年代あたりに、古典語（ギリシャ・ラテン語）・数学による「精神の陶冶」を説いたニーマイア（Niemeyer, August Hermann 1754-1828）やニートハマー（Niethammer, Friedrich Immanuel 1766-1848）によって用いられた（Niemeyer 1812 [1796]; Niethammer 1808; Frank 1975; 曽田 2005）。しかし、「形式陶冶」が「実質陶冶」と対語として用いられるようになった時期は100年後の1900年代である。この二つを対概念として最初に把握し明示した人物は、おそらくブッデ（Budde, Gerhard 1865-1944）であろう（Budde 1907）。また、ドイツ語の教育学辞典にこの対語が登場した年は、1914年である（LP 1914: 1335）。ただし「形式教授」（formaler Unterricht）、「実質教授」（materialer [materieller] Unterricht）という対語は、1835年に出版された辞典と、1847年に出版された辞典にすでに登場している（EPL 1835: 759-763; PRE 1847: 188-189）[1)]。

　また、「実質陶冶」「形式陶冶」が対語としていつ日本に入ってきたのか、その時期ははっきりしない。「形式陶冶」のほうは、おそくとも1900年代までに

は日本の教育界で使われるようになった。たとえば、1906（明治39）年に出版された森岡常蔵の『教育学精義』には「形式陶冶」という言葉や「形式的教科」「実質的教科」という用語が用いられている。また、1915（大正4）年に出版された及川平治の『分団式各科動的教育法』においては「形式的陶冶」「実質的陶冶」が、対語として用いられている（及川 1916[1915]: 149-154）。1933（昭和8）年に出版された篠原助市の『理論的教育学』においては、かなり詳細に「形式的陶冶」と「実質的陶冶」の関係が論じられている（篠原 1933: 347-388）[2]。

　アメリカの場合、ドイツや日本とちがい、「実質陶冶」「形式陶冶」は、対語としては定着しなかった。ただ一方の「形式陶冶」は――アメリカのヘルバルト主義者が用いたのだろう――遅くとも1900年代には広く使われるようになっていた。そのころよく読まれていたバグリー（Bagley, William Chandler 1874-1946）やオーシア（O'shea, Michael Vincent 1866-1932）の教育書には「形式陶冶の原理」がくどいほど登場している（Bagley 1905; O'shea 1903）。デューイも、1899年の「心理学と社会的実践」という評論のなかで「形式陶冶（formal discipline）」は「未熟であるにもかかわらず過剰に論理学的分析を用いた」結果であると述べ（Dewey 1996, mw. 1: 134）、また同年の「心理学と教育」という論攷のなかで「形式陶冶は［子どもの］興味と乖離している。……題材（materials）は興味とつながるべきである」と述べている（Dewey 1966: 150-151）。さらに1916年の『デモクラシーと教育』において「形式陶冶」という考え方が「かつて大いに流行した」と述べ、この考え方はある個別

---

1) 篠原助市（1933）が言及しているシュトリュンペル（Strümpell, Ludwig 1812-99）は、なるほど「形式陶冶可能性」（formale Bildsamkeit）「実質陶冶可能性」（Reale Bildsamkeit）という言葉を用いているが、「形式陶冶」「実質陶冶」という言葉は用いていない（Strümpell 1879: 152, 295）。また、田花為雄（1955）が「形式陶冶」「実質陶冶」の対語の使用者として言及しているドイツの教育学者バルト（Barth, Paul 1858-1922）は、たしかに「形式陶冶」という言葉を用いているが、「実質陶冶」という言葉は用いていない（Barth 1906）。
2) 『日本国語大辞典』（第2版）によれば、「形式陶冶」という言葉が最初に記載された辞典は、1931年に出版された『現代術語辞典』（大阪毎日新聞社）であり、そこでは「形式陶冶」について「ある内容を具えた教授をなし、そしてその内容を抜きにして修練された力を抽象していう」と記されている（日本国語大辞典第2版編集委員会 2004）。

的領域の教材を用いながら「観察・想起・意思・思考」などの精神の「力［の形成］を教育の直接的・意図的な目的］とし、「［萌芽的な］精神の力が充分に確立された習性になるまで、子どもをそのためだけに活動させること、つまり訓練すること」を強調していると述べている（Dewey 1996, DE, mw. 9: 65-67）[3]。

ニーチェの形式陶冶批判――大いなる精神の体現

こうした〈実質陶冶／形式陶冶〉という区別、形式陶冶という概念を批判する人びとも、すくなくない。たとえば、ニーチェ（Nietzsche, Friedrich 1844-1900）は、1872年に、「私たちの陶冶施設の将来について」という講演において、「形式陶冶」という言葉を使うべきではない、と述べている。ニーチェは、古典文学が創りだす思考形式と古典文学が語る思考内容との区別はどこにあるのか、と問い、その二つは区別不可能である、と考えた。そして「形式陶冶という名称は、粗雑で非哲学的な慣用句であり、できれば使用を中止すべき言葉である。なぜなら、その反対語である実質陶冶という言葉が存在しないからである」と述べている（Nietzsche 1999, ZB: 682＝1979-1987, I-1: 365）。

ニーチェにとって重要なことは、なんらかの「陶冶」を「形式」か「実質」かと分節化することではなく、「陶冶」をより倫理的営みとして、すなわち「偉大な精神」を体現する生として語ることだった。ニーチェにとって、倫理的営みは、何らかの情況に邂逅する〈私〉が創りだす自己表現だった。ニーチェは、同じころに次のように述べている。「陶冶とは、偉大な精神の意に沿いつつ生きることである」。「陶冶とは、すべての時代におけるもっとも高貴な瞬間が連続体となり、そのなかで人が生きることである」と（Nietzsche 1999, Bd. 7, NF [1870/1-1872], No. 8 [92], No. 8 [99]）。

いいかえれば、ニーチェにとって「陶冶」（すなわち人間形成）は、旧来の〈形式／実質〉という区別のかわりに、大いなる精神への志向の有無という倫理的区別のもとに、論じられるべきだった。ニーチェは次のように述べている。

3）ちなみに、デューイは、ロック（Locke, John 1632-1704）の思想を「形式陶冶」の源流と位置づけているが（Dewey 1996, mw. 9: 65）、ロックは formal discipline という言葉を用いていない。

「人間は、生きるために、生存競争を勝ち抜くために、多くのことを学ばなければならない。しかし、そのような意図のもとに人間が学び行うことはすべて、陶冶とは無関係である。陶冶とは、生活困窮や生存競争や渇望欲求の世界をはるかに超えたところの成層圏で始まる。そこでは、ある人が自分という行為者を他の行為者と較べてどのように評価しているか、自分の能力が生存競争にどのくらい役立っているのか、そんなことは退けられる。……真の陶冶は、利己的な下心によって、陶冶を利益獲得の手段として確保しようとする人間から、賢明にも逃れる術を身につけることでもある」(Nietzsche 1999, Bd. 1, ZB: 713-714＝1979-1987, I-1: 402-403)。

デューイの形式陶冶批判――協同性へ

　デューイもまた、倫理的観点から、ただしニーチェとは少し異なる理由で、形式陶冶という考え方を否定している。デューイは、形式陶冶論は能力を筋肉のようにとらえているが、能力は筋肉のように強化されるものではない、と述べている。デューイにとって、能力形成の基本は、刺激が喚起するさまざまな反応のうち、もっともふさわしい反応を人が選択し、その刺激・反応にともなう活動をそれらと結合させることだったからである (Dewey 1996, DE, mw.9: 68)。たとえば、本を読んでいる人が自分の姿をじっと見ている子どもに気づき、「これは本だよ」というとき、その子どもは「本」という音声刺激を受けとるとともに、その音声刺激を、椅子やペンではなく、本と呼ばれるものと結びつけ、さらに前屈みにその本をめくるその人の活動と結びつけるように。

　デューイによれば、こうした刺激反応の選択結合が特殊化されるほど、その選択結合は融通性を失い、文脈をせばめてゆく。「形式陶冶論の教義によれば、単語の綴り方を学んでいる子どもは、綴り方の能力だけでなく、観察・注意・想起の力を増し、それらを必要なときに使えるようになるそうであるが、実際には、その子どもが、他のこととの関連を無視し、単語の形状だけに注目し、その習熟に没頭すればするほど、……それ以外のことに役立つ能力を獲得する可能性は、減っていく」。それとは反対に「文脈すなわち刺激反応の選択結合が多様であればあるほど、獲得される能力は、他の行為を効果的に行ううえでより有効となる」(Dewey 1996, DE, mw.9: 70)。

したがって、形式陶冶論の教義と異なり、ある領域の「形式」的な能力が他の領域に「転移」するから、能力全体が高まるのではない。能力全体が高まるのは、ある種の刺激反応を生みだすある領域の活動が、その領域を超えるより広く深い文脈を形成し、他の領域の活動の刺激反応を容易にするときである。観察・注意・想起の力、つきつめれば、どのような領域においても、活動を方向づける規準は「社会的でなければならない」。すなわち「集団の実効的な構成者であること」つまり「他者との協同」（associated with others）を目的としなければならない。他者との協同こそが、活動の展開を可能にする。つまり「いかなる転移も奇跡であり不可能である。しかし、ある種の活動は広く深く、多くの要素の［選択］結合をふくんでいる。活動を展開するためには、たえず［選択］結合を［他者との協同のために］改変し調整しなけばならない」（Dewey 1996, DE, mw.9: 72）。

つまり、デューイにとっては、能力の形成は、形式陶冶の有無とかかわりなく、協同に向かう活動の有無という、つきつめていえば、倫理的区別によって、語られるべきことだった。

知（能力）の様態

以上の確認を踏まえて、能力形成すなわち〈わかる〉（〈できる〉）という営みを、次のような「知」の類型化をもとに、記述してみよう。まず「知」を「明示知」「暗黙知」「文脈」から構成されるものと考えたい。これらの知の位相を分ける基本的規準は、分節化の度合いである。

もっとも分節化の水準が低い知が「文脈」（情況）である。「文脈」は、そのなかにいる人が切実な思いで構成する、自分自身の立ち位置（ポジショニング）であり、この「文脈」が、知のいわば基礎である。人は、自分の「気づき」（awareness）に充分に「自覚的」（conscious）でないが、文脈とは、当人が「気づき」ながら、充分に「自覚的」でない（＝言語的に対象化していない）知である。ちなみに「知」が「情報」から区別されるのは、知が、情報と違い、当人にとって切実な文脈すなわち情況と結びついているからである。その次に位置している知が「暗黙知」（tacit knowledge）である。暗黙知は、ピアノの運指、算数の暗算のような、いわゆる「技能」（〈できる〉こと）であ

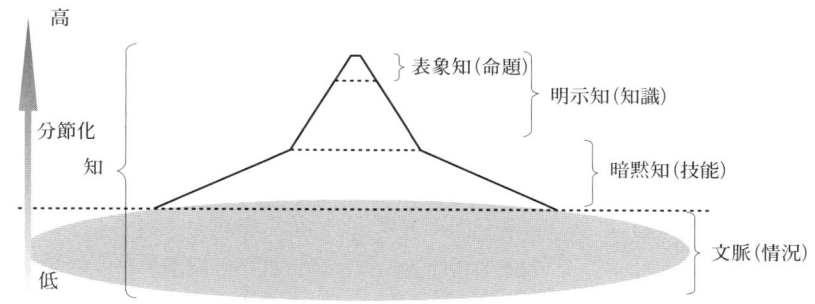

図 0-1　知(能力)の様態

る。その次に位置している知が、言語的に表現されている「明示知」(explicit knowledge)である。この「明示知」のなかでも、高度に分節化された知(「命題知・言明知」)が「表象知」(representative knowledge)である。こうした表象知の典型が、教科書に書かれているような「知識」である。

　そして、私たちはここで、デューイにそいつつ、これらの存立的位相をもつ知が、プロジェクト活動のような、何らかの活動のなかで反省的／遂行的に活用されたり創出されたりするとき、すなわち実際に何らかの問題解決・課題達成が求められている情況において有効なものとなるとき、「能力が発揮・形成された」と考えることにしよう。ここでいう「能力」は、たとえば、算数の問題がすらすらと解けるように、〈私〉と知識が部分的ながら重なりあっている状態でもあれば、振りおろした斧が、自分の手を動かしたときのように、精確に丸太にあたるように、道具と〈私〉が一体化している状態でもある。さらに、意図しなくても指が精確にキーをたたき、ピアノが楽譜どおりの音楽を再現するように、道具と身体と知識が一体化し〈私〉が溶けている状態でもある(生田 2011)。

　したがって、ここでいう「能力」は、心や腕や脚などにふくまれている、あるいは脳のなかにプログラムされていると妄想されている「○○力」という内在的実体ではない。ここでいう「能力」は、ある切実な情況において成功裡に行われた何らかの活動ののちに、その活動を成功に導いた契機を、事後的に概念化したもの(事後構成概念)である。

生（生活）の様態

次に、こうした知（能力）の様態論に加えて、先にふれたニーチェとデューイ、とくにデューイにそいつつ、知を方向づける生（生活）の様態を二つに分けよう。すなわち、協同性（associatedness）志向の生と、有用性（utility）志向の生である。一方の協同性志向の生は、倫理的によりよい生をめざす知の習得（能力の形成）に傾き、より広くより深い自己・世界を志向するという行動につらなる生である。他方の有用性志向の生は、既存の機能的・位階的な社会構造を再生産する知の習得（能力の形成）に傾き、より狭く浅い自己利益・集団利益を優先するという行動につらなる生である。

ここでいう協同性と有用性は、対立的であるが、重層的でもありうる。協同性は、他者を自己にもっとも優先する状態においては、人を無条件に信じ愛するという愛他（altruism）・篤信（croyance）の行動を意味している。それは、たとえば、利益・利潤をあらかじめ計算して相手を信用したり結婚したりすることではなく、端的に相手を信じ愛することである。有用性は、自己を他者にもっとも優先する状態においては、人と計算高くかかわるという行動を意味している。それは、端的に相手を信じ愛することではなく、自分にとっての利益・利潤をつねに計算して相手を信用したり相手と契約したりすることである。しかし、協同性は、それが有用性志向の活動の前提命題であるとき、もっとも実効的によりよい生の実現につながっていくだろう。逆に、協同性が有用性志向の活動から乖離するなら、それはたんなる空疎な理念にとどまり、有用性は進むべき道を見失うだろう。

したがって、本書で私たちが重視する協同性は、いわゆる「協働」（corabollation）、「協力」（cooperation）、「共同体」（community）ではない。すなわち、人びとが自己を限定し目的合理的・利益交換的に協力しあうことではない。協同性は、ハイデガー（Heidegger, Martin 1889-1976）のいう「道具性」（Zuhandenheit）につらなる「没入的志向性」（absorbed intentionality）と一体である。没入的志向性とは、自己が狭く限定されることなく、したがって意図・意識された表象（命題・言明）をともなわずに行われている営みに、心が占められることである。したがって、協同性は、ハイデガーのいう「事物性」（Vorhandenheit）につらなるフッサール的な「表象的志向性」（repre-

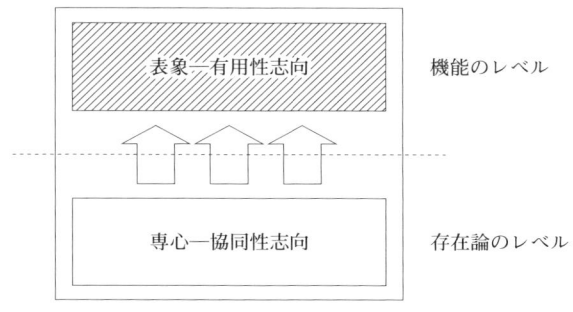

図 0-2 生(生活)の様態

sented intentionality)から区別される[4]。すなわち、自己が狭く限定され、意識が意識に内在する表象(命題・言明)によって意識の外部へと越え出ることから区別される。協同性は、個人主体の意図・意識に支配されない営み、いいかえれば、世界へ・歴史へと文脈がおのずと広がる営みに人が専心していることである。私たちがプロジェクト活動にあらためて見いだそうとしているものは、この専心という没入的志向性である。「専心活動」というときの「専心」は、没入的志向性という意味において、協同性と一体である。

4 本書の目的と構成

本書の目的

「総合的学習」「協働的学び」「探究型学習」などのカリキュラムの中心に位置づけられているプロジェクト活動は、一方で、教育の理想として高く掲げられてきたが、他方で、教育失敗の原因としてスケープゴートにされてきた。「学力低下の原因は総合的学習にある」といわれるように。これは、プロジェクト活動の意義が、狭い意味での意図・機能としては語りえないからである。いいかえれば、プロジェクト活動の意義は、自律性・有用性という観点からは語りえないからである。狭義の生産性にとって役に立つか／立たないかという貧困な規準でのみ教育を評価しようとする人びとは、協同性(全体性)につな

---

[4] 「没入的志向性」と「表象的志向性」は、ドレイファス(Dreyfus, Richard)の言葉である(門脇 2010: 191 を参照)。

がるプロジェクト活動の倫理的意義を理解することができない。

　本書の基本的な目的は、こうしたプロジェクト活動の倫理的意義と、その意義を説得的に語る困難さを、知（能力）の様態と生（生活）の様態という二つの様態論から、できるだけ具体的に描くことである。この目的を実際に達成するために、私たちは二つの課題を設定した。その一つは、知の様態にかんするプロジェクト活動の基本的な特徴を、現代のフィンランドの事例、大正期の日本の事例とかかわらせつつ、描くことである。これが本書の前半（第1章から第3章）の内容である。もう一つの課題は、生の様態にかんするプロジェクト活動の含意的な側面を、大戦間期のアメリカの進歩主義教育の事例、大正昭和期の日本の事例とかかわらせつつ、描くことである。これが本書の後半（第4章から第6章）の内容である。もう少し詳しく紹介しておこう。

本書の構成

　前半の3章で論じることは、いわば、知の様態に着目するときに見えてくるプロジェクト活動のエッセンスである。第1章「プロジェクト活動としての「手工」」の主題は、高く評価されているフィンランドのプロジェクト型カリキュラムをとりあげ、その特徴を整理し、「手工」の時間の試行錯誤する専心活動がプロジェクト活動のエッセンスの一つである、と論じている。第2章「プロジェクト活動としての「生活単位」」は、日本のプロジェクト活動の原型を、大正新教育とくに及川平治の教育実践（分団式教育法・生活単位の授業）のなかに確認し、子どもの「能力の不同」（子どもの能力差や興味の違い）に応じつつ、子どもを「真理の探究」（子ども自身が目的合理的に問題を解決する思考）に向かわせる教育実践が専心活動に連なっていた、と論じている。第3章「プロジェクト活動と知」は、ヘルバルトとデューイの違いを確認しつつ、プロジェクト活動つまるところ専心活動において形成される知が、事前に設えられた表象知（教科書的な命題・言明）ではなく、活動中に形成される思考であり、その思考がよりよい生すなわちより協同的な生を求める力（倫理的衝迫）に裏打ちされているかぎり、その思考は揺動・不安といった生の経験をともなっていく、と主張している。

　後半の3章で論じることは、生（生活）の様態に着目するときに見えてくる

プロジェクト活動のエッセンスである。デューイが述べているように、彼の協同性論はフレーベルの幼児教育論に由来している。第4章「幼小連携とプロジェクト活動」は、この事実を踏まえつつ、かつてアメリカの進歩主義教育運動で「幼小連携」が提唱・実践されたときにプロジェクト活動が重視されたが、その活動を支えていた子ども支援を志向した評価論やデューイの「社会的生活」(協同性)という概念はほとんど日本に伝わることがなかった、と論じている。デューイの「社会的生活」(協同性)という概念は、たんなる機能的レベルの協働ではなく、生の連関(世界の連関)を含意している。第5章「「協働自治」に向かうカリキュラム」は、1920・30年代の野村芳兵衛の「生活教育」論をとりあげ、野村が機能レベルの協働をこえる「協働自治」という生(生活)の概念を論じていたが、それはデューイ的な生(生活)の概念からはずれている、と論じている。そして第6章「プロジェクト活動と存在」は、ハイデガーを援用しつつ、デューイの生(生活)概念を明確化する試みであり、その含意を示している。すなわち、専心活動を「プロジェクト・メソッド」のような方法として形式化するとき、プロジェクト学習の核であるデューイ的な専心活動が看過され、その活動によって喚起されるはずの協同性、すなわちハイデガー的な存在概念に通じる生(生活)概念の含意が看過される、と論じている。

　終章「プロジェクト活動という指標」において、私たちは、二つのことを論じている。一つは、プロジェクト活動(専心活動)は、表象知を実践知としてよみがえらせるとともに、命あるものの生(生活)の本態である「共存在」を暗示するが、現代社会の機能的分化という社会構造は、有用性志向を拡大し、プロジェクト活動(専心活動)を構造的にはばんでいるということである。もう一つは、そうであるにもかかわらず、その構造的障壁に怯むことなく、教育者は、「愛他の意思」とともに、プロジェクト活動を試み、実践知をよみがえらせるとともに、「共存在」の了解につらなる専心活動を喚起しなければならないということである。
(橋本美保・田中智志)

〈引用・参考文献〉
天野正輝　1978　「大正自由教育における教育方法の特質」池田進／本山幸彦編『大正の教育』第一法規出版。

生田久美子　2011　「わざの伝承は何を目指すのか」生田久美子／北村勝朗編『わざ言語』慶應義塾大学出版会。
市川力　2009　『探究する力』知の探究社。
市川寛　2010　「レインボーカクテルを作る」田中智志編『学びを支える活動へ——存在論の深みから』東進堂。
及川平治　1916(1912)　『分団式動的教育法』訂正12版　弘学館書店。
及川平治　1916(1915)　『分団式各科動的教育法』訂正12版　弘学館書店。
門脇俊介　2010　『破壊と構築——ハイデガー哲学の二つの位相』東京大学出版会。
篠原助市　1933　『理論的教育学』同文社。
篠原助市　1971(1948)　『改訂 理論的教育学』協同出版。
宋樹生　2003　「近代中国における新教育運動の都市から農村への拡大——陶行知の「暁荘学校」の教育実践を例に」『都市文化研究』第1号：66-77。
曽田長人　2005　『人文主義と国民形成——19世紀ドイツの古典教養』知泉書館。
田花為雄　1955　「形式陶冶」下中弥三郎編『教育学事典』全6巻　平凡社。
中野光　1968　『大正自由教育の研究』黎明書房。
中野光　2008　『学校改革の史的原像——「大正自由教育」の系譜をたどって』黎明書房。
日本国語大辞典第2版編集委員会編　2004　『日本国語大辞典』第2版　全13巻　小学館。
松下佳代編　2010　『「新しい能力」は教育を変えるか——学力・リテラシー・コンピテンシー』ミネルヴァ書房。

Bagley, William C.　1905　*The Educative Process*. New York: Macmillan.
Barth, Paul　1906　*Die Elemente der Erziehungs- und Unterrichtslehre auf Grund der Psychologie der Gegenwart*. Leipzig: J. A. Barth. ＝　1926　バルト（林円応訳）『教育学概論』教育研究会。
Branom, Mendel E.　1919　*Project Method in Education*. Boston: R. G. Badger.
Budde, Gerhard　1907　"Die formale und materiale Bildung in der Gymnasialpädagogik des letzten Jahrhunderts und der Gegenwart," *Pädagogisches Archiv: Monatsschrift für Erziehung, Unterricht und Wissenschaft* 49 (3): 157-163.
Cassirer, Ernst　1923　*Die Philosophie der Symbolischen Formen*. Berlin: Bruno Cassirer Verlag. ＝　1989, 1997　カッシーラー（生松敬三／木田元訳）『シンボル形式の哲学』第1・2巻　岩波書店。
Dewey, John　1966 (1899)　"Psychology and Education," *John Dewey: Selected Educational Writings*, F. W. Garforth ed. London: Heinemann.
Dewey, John　1996　*The Collected Works of John Dewey, 1882-1953: The Electronic Edition*, edited by Larry A. Hickman. Charlottesville, Virginia: InteLex Corporation.
　HWT 1＝*How We Think* (1910 mw. 6)

DE＝Democracy and Education（1916 mw. 9）＝ 1975 松野安男訳『民主主義と教育』（上・下）岩波書店。
PP＝The Public and Its Problems（1927 lw. 2）
AE＝Art as Experience（1934 lw. 10）
EE＝Experience and Education（1938 lw. 13）＝ 2004 市村尚久訳『経験と教育』講談社（学術文庫）。
HWT 2＝How We Think（1933 lw. 8）

Diesterweg, F. Adolph W.　1850/1　*Wegweiser zur Bildung für deutsche Lehrer*, 2 Bde. Essen: Bädeker.

EPL　1835　*Encyklopädisch-pädagogisches Lexikon oder vollständiges, alphabetisch geordnetes Hand- und Hilfsbuch der Pädagogik und Didaktik*. Heilbronn: Drechsier.

Frank, Horst Joachim　1975　*Dichtung, Sprache, Menschenbildung: Geschichte des Deutschunterrichts von den Anfängen bis 1945*, 2 Bde. München: Deutscher Taschenbuch Verlag.

Hill, Patty S.　1923　"Introduction," *A Conduct Curriculum for the Kindergarten and First Grade*. New York: Charles Scribner's Sons.

Johnston, James Scott　2006　*Inquiry and Education: John Dewey and the Quest for Democracy*. Albany, NY: State University of New York Press.

LP　1914　*Lexikon der Pädagogik*, hrsg., Ernst M. Roloff. Freiburg im Breisgau: Herder.

Niemeyer, August Hermann　1812（1796）　*Grundsatze der Erziehung und des Unterrichts*. Wien: Bauer.

Niethammer, Friedrich Immanuel　1808　*Der Streit des Philanthropinismus und Humanismus in der Theorie des Erziehungs-Unterrichtes unsrer Zeit*, Jena: Friedrich Frommann.

Nietzsche, Friedrich　1999　*Friedrich Nietzsche Sämtliche Werke: Kritische Studienausgabe*. 15 Bde. Berlin und New York: Walter de Gruyter. ＝ 1979-1987 『ニーチェ全集』第Ⅰ期12巻、第Ⅱ期12巻　白水社。
ZB＝*Über die Zukunft unserer Bildungsanstalten*, in Bd. 1. ＝ 「われわれの教育施設の将来について」『ニーチェ全集』第Ⅰ期第1巻。
NF＝*Nachgelassene Fragmente 1869-1874*, in Bd. 7. ＝ 「遺された断想（1869年〜1874年）」『ニーチェ全集』第Ⅰ期第3・4巻。
NS＝*Nachgelassene Schriften 1870-1873*, in Bd. 1. ＝ 「遺された著作（1870年〜1873年）」『ニーチェ全集』第Ⅰ期第1・2巻。

O'shea, Michael V.　1903　*Education as Adjustment: Educational Theory Viewed in the Light of Contemporary Thought*. New York: Longmans Green and Co.

O'shea, Michael V.　1909　*Social Development and Education*. Boston, MA: Houghton Mifflin Co.

Popper, Karl R. 1960 *The Poverty of Historicism*. London: Routledge & Kegan Paul. = 1961 ポパー（久野収・市井三郎訳）『歴史主義の貧困——社会科学の方法と実践』中央公論社。

PRE 1847 *Pädagogische Real-Encyclopädie oder Encyclopädisches Wörterbuch des Erziehungs- und Unterrichtswesen und seiner Geschichte*. Grimma: Verlags-Comtoir.

Randall, J. A. 1915 "Project Teaching," *N.E.A., Journal of Proceeding and Addresses of 53th Annual Meeting*: 1009-1012.

Ravitch, Diane 2000 *Left Back: A Century of Battles Over School Reform*. New York: Simon and Schuster.

Richards, Charles R. 1900 "Hand Work in the Horace Mann School: The Function of Hand Work in the School," *Teachers College Record* 1 (5): 249-259.

Snedden, David 1916 "The Project as a Teachihng Units," *School and Society* 4: 419-423.

Strümpell, Ludwig 1879 *Psychologische Pädagogik*. Leipzig: Böhme.

Wittgenstein, Ludwig 1968 *Philosophische Untersuchungen*, 3rd edn., G. E. M. Anscombe ed. Oxford: Basil Blackwell. = 1976 ウィトゲンシュタイン（藤本隆志訳）「哲学探究」『ウィトゲンシュタイン全集』第8巻　大修館書店［略号PU］。

Woodhull, John F. 1918 *The Teaching of Science*. New York: Macmillan.

第Ⅰ部
プロジェクト活動と知

第1章　プロジェクト活動としての「手工」
――フィンランドのカリキュラム

〈概要〉　カリキュラムとは本来、一定の規準によって配列された教育内容ではなく、子どもたち一人ひとりの学びの過程である。そのカリキュラムの原義にもっとも近い活動がプロジェクト活動である。このプロジェクト活動を学校教育の中心に位置づけているのがフィンランドである。フィンランドのプロジェクト活動は、シグネウスによって導入された「手工」という営みに由来する。フィンランドの手工は「教育的スロイド」の一つとして知られているが、その思想的源流は、ペスタロッチやフレーベルにさかのぼることができる。手工は、子どもたちが、何らかの問題解決・課題達成のために試行錯誤する活動であり、また目的達成のためにその活動に没頭する経験である。それは、文脈の拡大をもたらすという意味で、デューイのいう「専心活動」と大きく重なる。

1　カリキュラムの原義

カリキュラムをとらえ直す

カリキュラムとは何だろうか。カリキュラムというと、私たちは学校の教科書や時間割、学習指導要領をイメージすることが多い。このような、カリキュラムは学校で授けられる知識であるという考え方は、人間の発達や成長がおもに学校という場で促進されるようになった近代以降の教育形態を前提にしている。しかし、カリキュラムを、生きることと結びついた学習活動の道筋と考えることもできる。そう考える場合、カリキュラムは、学校が成立する以前からあったといえるだろう。個々人の成長と発達に重要だった家庭教育のカリキュラムはもちろんのこと、それぞれの村や部落で慣習や文化を受け継ぎそれを守っていくためのカリキュラム、原始的な狩猟や採集を生活の糧として生き抜くためのカリキュラムなど、古代から自分の生活を支えるための知識技能の習得

は必要とされていたからである。その意味では、近代学校が成立する以前から、どんな時代にも現実の社会生活に結びついた学習活動の道筋としてのカリキュラムは存在していた。

　ところが、私たちは、カリキュラムを、学習指導要領のように明文化された「コース・オブ・スタディ」としてとらえがちであり、教育内容は文部（科学）省が決めるもので、教師が研究することではないと考えてきた。こうした考え方の広がりは、カリキュラムの概念や研究方法が日本に流入した1920年から1930年代、日本では教育内容が国家によって厳しく統制されたために、それらが正しく定着しなかったことにある。当時の教師の役割は、天皇制国家主義の社会体制の下で、国家の教育理念を実現するために国家が編成した教育内容をできるだけ忠実に多くの国民に伝達することだった。こうして、日本では長い間、教師の役割は国家が決めた教育内容を忠実に児童生徒に伝達することであり、そうした機能的役割に長けている教師ほど優れた教師である、と考えられてきた。そのため、教師は「何を教えるか」ではなく「どう教えるか」に関心を寄せ、教授法を研究し続けてきた。そうした日本の教師の教授への熱意と高い教授の能力は、国際的に高く評価されている。

「カリキュラム」という言葉

　本来、「カリキュラム」の語源は、ラテン語のクレレ（currere＝走る）であり、英語のcurriculumはもともと、走路あるいは履歴を意味していた。つまり、学習者一人ひとりの学びの道筋である。今日、こうした学びの道筋としてのカリキュラムという定義は、大きな意義をもっている。なぜならば、先述のように、多くの現代人にとってカリキュラムとは学校の教育内容（教科内容）を意味しており、カリキュラムの歴史といえば、学校で教えられる教育内容の変遷を意味しているからである。

　しかしながら、カリキュラムは個人史的な観点から見れば、教育内容ではなく、個々人が自分の経験に自分なりの意味を付与していく過程である（安彦1999: 33）。ここでいう「経験」は、子どもが朝「おはようございます」と正門をくぐってから、夕方「さようなら」と下校するまでのすべての経験を意味するといってよい。授業以外にも朝の会、休憩時間、給食時間、ホームルーム、

クラブ活動や委員会活動、掃除や居残りなど、すべての子どもたちの経験がカリキュラムそのものであり、それは個々人によって違うものである。カリキュラムは「個々人によって違う学びとして経験される」ということこそが、カリキュラムを考えるうえで大変重要である。

2 プロジェクト型カリキュラム

カリキュラムの創出

2008年に改訂された学習指導要領の「総則」には、「生きる力」の育成を引き続き「教育課程編成のねらいとする」ことが明記されている。現在、この学習指導要領にそって行われている教育改革においては、「生きる力」を育成するために、教師が自らカリキュラムをデザインし運用する能力をつけることを求めている。長い間、国が決めた教育内容を疑うことなく忠実に伝達してきた教師たちは今、カリキュラムを創り出すことを求められている。

もっとも、日本の教師たちは歴史上、つねに教授法のみを工夫し、教育内容の改革にまったくかかわらなかった、ということではない。「うまく教えよう、よく理解させよう」とすればするほど、「どのような教材を用いればよいのか、どのような順番で教えればよいのか」と、教材開発にかかわる関心は深まっていき、やがて教科書の単元とはちがう単元を作り出す教師が現れたからである。そうした単元が、現在も注目されているプロジェクト型カリキュラムの単元である。

プロジェクト型カリキュラム

プロジェクト型カリキュラムの単元は、1920年ごろ日本に「プロジェクト・メソッド」として紹介され、全国的に流行した（遠座・橋本 2009）。このとき日本に紹介された「プロジェクト・メソッド」は、アメリカの教育学者キルパトリック（Kilpatrick, William Heard 1871-1965）をはじめ、さまざまな論者によって提唱されたものである[1]。そうしたプロジェクト・メソッドの事例は、日本に紹介されるとともに改良され、多くの学校で導入された。たとえば、人形の家作り、街作り、お店屋さんごっこ、電車遊び、飲み水作り、園芸、旅行、

演劇、運動会、職業体験など、現在「総合的な学習の時間」に盛んに行われるプロジェクト活動の原型は、すでにこの時期の日本に導入されたものである。

しかし、プロジェクト・メソッドの流行は、どういうわけか、長くは続かず、1930年代には衰退してしまった。そして、第二次世界大戦後の戦後教育改革期にも、プロジェクト・メソッドは、ふたたび流行を見せた。おもなきっかけは、1946年に発表された『米国教育使節団報告』と『新教育指針』（文部省）であり、そこで「個性尊重」「自発性」「生活化」が強調されたことである。しかし、このときも、プロジェクト・メソッドは、すぐに下火になってしまった。

そして、現在、「探究型学習」を促進させる学習形態として、プロジェクト型カリキュラムが注目されている。歴史的に二度も失敗を繰り返したプロジェクト型カリキュラムの導入が、三たびはかられようとしているのである。

フィンランド教育の特徴

そもそも、プロジェクト型カリキュラムとはどのようなものか、その特徴を確認してみよう。ここでは、プロジェクト型カリキュラムが盛んに行われているフィンランドに注目してみたい。

周知のように、フィンランドは経済協力開発機構（OECD）が実施している国際学力調査（PISA）で、学力世界一との評価を受けた。2000年の調査においては、読解力1位、数学的リテラシー4位、科学的リテラシー3位、2003年の調査においては、読解力及び科学的リテラシー1位、数学的リテラシー2位、問題解決能力3位という好成績を修めて以来、世界中から注目されている。自国の教育改革のためにフィンランドの教育から学ぼうと、外国から研究者の視察やメディアの取材がフィンランドに押し寄せている。このように熱を帯びた「フィンランド詣で」においては、フィンランドの成功の秘密は、しばしば、図書館の多さや教師の質の高さなど、社会保障や教育制度の違いによって語られるが、フィンランドの学校を視察した研究者たちは、フィンランドの学校に

---

1) 近年、遠座知恵（2010）によって、当時の教育界におけるプロジェクト・メソッドの受容過程が明らかにされ、その受容がキルパトリックの学習理論に対する本格的な研究や理解によるものではなく、アメリカのさまざまな研究者による評論や方法の翻訳・紹介にとどまっていたことが指摘された。

プロジェクト型の授業が定着していることを指摘している（庄井・中嶋 2005；佐藤 2008 など）。

以下、2006 年に筆者が訪れたフィンランドの小学校でどのような授業が行われていたか、その一端を紹介しよう。

フィンランドの基礎学校

「フィンランドの学力は世界一」と騒がれるようになってから、日本ではフィンランドの教育を扱う各種の書籍が出版された。それらは、フィンランドの教育制度や社会制度の詳細を紹介し、その特質を歴史的・文化的要因から探るものが多く、実際の学校カリキュラムがどのように実践されているのかについて論じたものは少ない。そのため、筆者は、地方の標準的な公立学校において授業はどのように行われているのか、子どもたちはどのように学んでいるのかを、実際に観察したいと考えた。

2006 年 5 月、筆者はフィンランドのタンペレ（Tampere）市にある「基礎学校」（9 年一貫制）のタンメラ・スクール（Tammela school）を訪れた。フィンランドでは、子どもたちは 7 歳になってから基礎学校に入学するため、基礎学校の学齢は、日本よりも 1 年遅く、7 歳から 16 歳までである。訪問したタンメラ・スクールは、公立の基礎学校であるため、ごく標準的な教科課程を採用している。日本の小学校にあたる 1 学年から 6 学年までは「基礎総合レベル」と呼ばれ、第 1 学年から「英語」、「フランス語またはドイツ語」、「手工」の 3 つのコース別クラスが用意されている。このうち、英語クラスの各教科週あたりの時間配当は表 1-1 のようであった。

この表を見ると、タンメラ・スクールの週あたりの授業時間が日本よりも少ないことに、驚かされる。日本の改訂学習指導要領では、1 年生の週あたり授業時間は 24 時間、2 年生で 26 時間、3 年生で 27 時間、4 年生以上では 28 時間であり、年間授業時間数にすると、かなりの差となる。ただし、科目別の時数をみると、1 年生から外国語を週あたり 3 時間も課しており、言語の教育に力を入れていることがわかる。高学年に週 1 時間の物理化学の授業があるだけで、理科の授業はない。ここでとくに注目したいのは「環境学習」である。環境学習は、日本の学校で盛んに行われているような狭い意味の環境問題だけで

表1-1 タンメラ・スクール基礎総合レベル英語クラスの時間配当表

教　科	1学年	2学年	3学年	4学年	5学年	6学年
フィンランド語	6	6	5	5	4	5
英語（第一外国語）	3	3	3	3	3	3
算　数	3	3	4	4	4	4
環境学習	2	2	2	3		
地　理					2	1
物理化学					1	1
宗教倫理	1	1	2	1	1	2
歴　史					2	1
音　楽	1	1	1	1	2	2
美　術	1	1	2	2	2	2
手　工	2	2	2	2	2	2
体　育	2	2	3	3	3	3
合　計	21	21	24	24	26	26

＊この他に外国語としてフランス語かドイツ語を4年生以上で選択する。第二外国語（選択）の時間は週2時間である。

はなく、広く人間が生きる環境、すなわち「生活」にかかわるすべての事物を対象とした「総合的学習」に匹敵する時間なのである。そこで、次項では4年生の環境学習の時間に行われていた「熱帯雨林の生態系」と名付けられたプロジェクト単元を見てみよう。

3　フィンランドのプロジェクト活動

「熱帯雨林の生態系」というプロジェクト単元

タンメラ・スクールの教諭、ミーカ（Lehtovaara, Miika）とアイノ（Houttu, Aino）が4年生の環境学習の時間に実践した「熱帯雨林の生態系」[2]という単元のねらいは、熱帯雨林の多様性にかんする情報を共有し、地球の生態系におけるその役割と人間の影響力について、子どもたちに考えさせることである。彼らは、子どもの学習効果がもっとも高いのは、自分で情報を見つけ、子どもたちと教師が試行錯誤を繰り返しながら共に作業を進める時であると考え、こ

---

[2] アイノ教諭が作成した授業案 "The Ecosystem of a Rainforest" による。

のプロジェクト単元を構想した。このプロジェクト単元の実施前に、すでに子どもたちは、世界のいろいろな植物相について学んでおり、異なる地域の動植物の生態を決めるものには多くの要因があることを知っている。

　このプロジェクト単元の概要を見ていこう。まず、授業への「導入」として、子どもたちは熱帯雨林について思い浮かぶキーワード、文章、絵を描いて発表する。次に、世界地図のなかに熱帯雨林を探し、ワークシートにラベルを貼るという作業課題が与えられる。この作業のなかで、熱帯雨林が赤道付近にあることに気づいた子どもたちは、クラス全体でその地域の気候の特色とその原因について論じる。子どもたちは、世界各地の雨量と温度の棒グラフを比べてみて、熱帯地域の雨量と温度の値に一定のパターンがあることに気づく。このような、気候が動植物の生活にどのような作用を及ぼすのかについて、子どもたちは情報を収集し議論を進めていく。そして、子どもたちは、熱帯雨林にはまだ明らかになっていないほど多様で沢山の動植物が生息していることを知った。

　次は、「グループワーク」である。子どもたちは、「熱帯雨林」と呼ばれる地域も一様ではないことを知り、4つのグループに分かれて担当する地域の特徴について調査し、発表することとなった。発表は、たんにその地域の熱帯雨林の特徴を紹介するだけでなく、その特徴が見られる原因についてグループで考え、発表するという課題のもとに行われた。その際、全員に与えられた注意は、それぞれのグループが担当する地域に生息する動植物にかんする情報をできるだけ多く集めよう、というものである。グループワークが完成し、各グループが作成したポスターにもとづく発表が終わると、子どもたちは、さまざまな観点からそれぞれが担当した地域を比較検討した。

　次に、教師は、クラス全員で「情報の総合化」をはかろうとした。熱帯雨林の多様性を認識した子どもたちに対して、教師は、もし熱帯の生態系のなかで一つの層がなくなったら何が起きるのか、その帰結についてを考えさせた。子どもたちは考えを練りあげ、熱帯雨林のいろいろな部分がなぜ重要なのか、その理由を説明する。そして、すべての部分は互いに影響を与え合っており、熱帯雨林を構成する各部分はそれ自体だけでは存在できないということを認識する。さらに彼らは、熱帯雨林を破壊するのはたやすく、保存するための方法は何かを人間生活とのかかわりから議論していった。

プロジェクトの最後は、「熱帯雨林［の模型］を作る」ことである。子どもたちは、自分が担当したグループの熱帯雨林を大きな模造紙に描いた。全員が参加して、地域毎に特有の動植物を描き込んだポスターが作られ、壁に貼られて、最後には、教室が熱帯雨林に囲まれてしまった。

待つという教師の姿勢

　以上がこのプロジェクトの概要であるが、題材とシナリオ自体はそう珍しくない。おそらく、日本においても環境教育の事例として似たような授業が行われているだろう。調べ学習にもとづく発表と討論、個別学習・グループ学習・全体学習を組み合わせた授業形態など、実は授業の形態は日本の総合学習の時間に実践されている学習活動によく似ているのである。しかし、ここでは、タンメラ・スクールのカリキュラム実践が日本とまったく異なる点について指摘しておきたい。

　第一に、この授業では、シラバスは周到に計画されているが、教師は決して計画を優先しない。教師は結論を急がず、無理に子どもを誘導しない。どんなに時間がかかっても子どもたちが「気づく」まで辛抱強く子ども自身にじっくり考えさせている。まるで時間配分などおかまいなしで、その時間の成果をまとめようとしないのである。ある子どもが気づいたら、その子どもが他の子どもに説明し、さまざまな情報を使って納得させ、自分の理解を深めながら他の子どもに広げていく過程を、教師は見守っている。授業を担当した教師ミーカとアイノによれば、この授業の基本的なねらいは、「子どもたちがテーマにかんして自分たちで情報を見つけ、共有すること」にある。教師は子どもにわからせたいことを決して教えない。そして、子どもたちが主体的にテーマに取り組み、情報を探し回って真に共有するとき、彼らは教えられたのではなく自分の力でわかったと認識する。この過程を体験させることがねらいであって、この授業では早く気づくことや、より正確な答えは重要ではない。

　このような、いわば「待つ」という授業スタイルは、環境学習のみならず、他の教科にも見られる一般的な形態である。フィンランドの教育にかんする多くの報告が、このようなのんびりした形の教育方法を指摘している。しかし、それだけでは、フィンランドの子どもたちの学力の高さを説明できない。他に

どのような要因が考えられるのか、さらに探究してみよう。

「手工」の伝統

　たしかに、フィンランドの授業の様子は日本の学校とよく似ている。フィンランドに定着しているといわれるプロジェクト活動も、日本の「総合的な学習の時間」に類似しており、むしろ日本にも、より緻密に計画されて充実した実践を行う教師は数多く存在する。では、フィンランドの子どもの学力が高い理由はどこにあるのか。実は、日本に比べると、フィンランドのカリキュラムのもっとも際だった特徴は、「手工」（教育的スロイド：educational sloyd）を重視している点である。手工とは、日本の「工作」「美術」（アート）ではなく、木工・金工・樹脂工・裁縫・刺繍・編み物・織物などの内容で、男女問わずに行われる普通教科である。教育学では、多くの場合「教育的スロイド」と呼ばれる活動であり、歴史的に見れば、スウェーデンで発達したカリキュラムである。

　「フィンランドの子どもの学力が世界一」と報じられたとき、筆者は、この事実はフィンランドの教育的伝統と深く関係しているのではないかと考えていた。それは、ほとんどのジャーナリストや教育学者が看過している「手工」の重視という伝統である。フィンランドは、世界で初めて義務教育制度の中に正科必修として「手工」を位置づけた国である。この偉業を成し遂げたのは「フィンランド国民学校の父」といわれているシグネウス（Cygnaeus, Uno 1810-88）である。19世紀初頭、ロシア帝国に併合されたフィンランドにおいて、牧師だったシグネウスは、ペテルスブルグのスウェーデン人教会やフィンランド人教会で教会学校の監督や校長を務めていたが、1858年に教育視察のためにスウェーデン、デンマーク、ドイツ、オーストリア、スイス、オランダに派遣された。帰国後、シグネウスは、自身の教会学校での実践と、こうした国々の教育視察にもとづいて、学校を教会の監督下から独立させるべく自治政府に数々の提言を行った。そして1861年に「フィンランドにおける小学校制度にかんする提案」を提出したシグネウスは、小学校総視学官に任命され、1866年には彼の学校改革案の多くを採用した「国民学校法」が公布された（佐々木・松崎 1976: 232-238）。

手工が人間を形成する

　この法律により、フィンランド自治政府は、小学校の中央監督庁を設立し、各市に学校を建てることを義務づけた。就学年齢は8歳から14歳、教育内容は2年制の下等小学校では、「宗教」「フィンランド語」「算術」「計測」「絵画」「体育」とされ、4年制の上等小学校では、「地理」「歴史」「自然科学」「手工」「保育」「園芸」「農業」とされた。シグネウスが小学校の教育内容に「手工」を導入した理由は、手先の器用さの獲得や職業準備的な理由からではない。彼は、学校生活全体を通してすべての子どもが精神・身体ともに発達を保証されるべきである、と主張していた。彼は、すべての教科は人間発達の材料であり、それを通して「形式陶冶的」に人間教育を行うことが学校の目的である、と考えていたのである（Nurmi 1991: 9-14; 郡司 2010: 24-28）。

　シグネウスがこのような教育思想を形成したのは、彼がペスタロッチ（Pestalozzi, Johann Heinrich 1746-1827）やフレーベル（Fröbel, Friedrich Wilhelm August 1782-1852）らの教育思想を学び、またペスタロッチの実験学校を実際に視察し、その教育実践に深く共感したことによる。ペスタロッチは、手先の訓練ではなく、人間性の発展こそが教育の目的であるとし、精神（頭）、心情（胸）、技能（手）の調和的発達を重視した。とくに、ペスタロッチが『白鳥の歌』(1826)で述べた「生活が陶冶［＝人間を形成］する」("Das Leben bildet")という言葉に表現された、あくまで必要をともなう具体的な経験を通じた成長発展が重要であり、そのために有効なのは技術的表現をふくむ児童の「労作」であるという思想は、子どもは生来、構成的作業による自己表現の欲求を持っているというフレーベルの思想と響きあい、シグネウスに手工を学校教育のなかに位置づけさせることになった。

カシテュオという伝統文化

　シグネウスが実際に学校教育のなかに取り入れた「手工」という活動は、フィンランドの伝統文化「カシテュオ」(käsityö)に由来するものである。フィンランドでは、長い冬の間家のなかで行う手仕事、フィンランド語でいう「カシテュオ」が、自給自足の生活を支えていた。北欧では冬に、豊富な木材と簡単な手作業用の道具を利用して、炉端で、椅子やテーブル、斧の柄、フォ

ークやスプーンなどの家庭用品を作ったり、糸紡ぎや織布、裁縫をするという習慣があった。こうした手仕事の経験は、世界との協調・調和という知見をもたらし、世界に編み込まれ、世界と共に在る生を暗示していく。シグネウスは、フィンランドの庶民の暮らしに根ざした、この伝統文化「カシテュオ」を学校教育に「手工」として取り入れることを主張し、実現させたのである（本多2005参照）。

　教育史においては、「教育的スロイド」の創始者としては、スウェーデンのサロモン（Salomon, Otto 1849-1907）が有名である。しかし、サロモンはシグネウスの弟子であり、シグネウスの思想に共鳴してスウェーデンにも伝わる手仕事、スウェーデン語でいう「スロイド」（slöjd）を教育的スロイドとして教材化した人物だった。シグネウスは、手仕事の喚起する世界との調和的関係を念頭におきつつ、弟子であるサロモンとの手紙のやりとりのなかで、教育的スロイドがたんなる技術指導にとどまらず、人間陶治のための活動であるという観点を見失ってはならないことを、厳しく忠告している（郡司 2010: 43-48）。サロモンの「教育的スロイド」は、新教育の普及とともに世界的に有名になり普及し、明治後期の日本にも「手工科」として伝えられたが、それは、実業的性格の強い教科として理解され、シグネウスの真意が明治後期の日本に定着することはなかった。

労作と専心活動

　また、シグネウスが学校教育に導入した手工教育の思想は、ドイツのケルシェンシュタイナー（Kerschensteiner, Georg 1854-1932）やアメリカのデューイによって、別のかたちで多くの学校カリキュラムに影響を与えていった。ケルシェンシュタイナーについていえば、彼は「労作（Arbeit）は生産を主目的としたものではなく自発的活動として導くことが重要であり、この活動が勤労にまで訓練されるときに、善き道徳的陶治ができる」というペスタロッチの思想にもとづいて、「ミュンヘン・プラン」と呼ばれる労作教育論を展開し、「労作学校」（Arbeitsschule）を提唱した（高橋 1983参照）。

　デューイは、シグネウスが「手工」において実現しようとした活動を「専心活動（occupation）」として再構成し、デューイ・スクール（シカゴ大学附属

小学校）で実践した。デューイによれば、子どもが専心的に何らかの活動に従事するとき、彼は目的（必要）を持ってそれに向き合い、自分のすべてを投げ出して（没我の状態で）、自分を表現しようとする。その活動のプロセスにおいて、子どもは自然の法則や物事の因果関係、そして問題解決の方法を学んでいくとともに、「協同性」（空間的にも時間的にも拡がる相互連関・相互扶助という文脈的つながり）という世界の基本的な成り立ちについての知見を得るのである。こうした専心活動の教育的意義は、現在までに少なくない教育学者によって説かれているが、日本のような後発国においては、いわゆる受験学力とは関係ない科目として「ナショナル・カリキュラム」のなかでは看過されてきた。

4　専心活動としての「手工」

試行錯誤の経験

　タンメラ・スクールの子どもたちにとってもっとも楽しいプロジェクトは、「手工」であるらしい。「○○を作ろう」というテーマは、子どもたちの発達段階に応じて異なるが、子どもたちは、「手工」の時間に、基本的に自由に創作活動に取り組むことができる。「この時間内には○○まで仕上げるように」と強制されることはなく、子どもたちは、思い思いの順序とペースでこだわりの作品を作っていく。手工教室には、写真のように大学の技術研究室さながらの本格的設備が整っている。鮮やかに彩られた、木工・金工のための道具が整理整頓され、いつでも手に取れるところに置かれている。道具の使い方や手入れの仕方だけは最初に厳しく徹底して教えられるという。

　さきにふれた「手工」の「形式陶冶」的な側面は、「手工」に付きものである試行錯誤によってもたらされる。ものづくりを始めるとき、子どもは、自分の作品をどのようなものにしようか、といろいろと構想する。そして、構想を実現するためには、どのような材料が必要か、材料をどのくらいの大きさに切るのか、どのような角度に切るべきか、その角度はどうやって測るのか、材料をどうやって貼り合わせるのか、そのための道具は何がよいか、材料が金属ならば何度で溶接すべきか、つけたい色はどうやって創り出すのか、塗料を使う

図1-1　タンメラ・スクールの手工室の壁に掛けられた工具類
丁寧に手入れがなされ、種類ごとにきちんと整理整頓されている（2006年、橋本撮影）。

なら、どういう種類の塗料を使えばいいのか、塗装の方法はどうするか、など、次つぎと疑問と悩みが起こり、試行錯誤が繰り返される。

　こうした試行錯誤は、子どもたちが問題（課題）を考えるための文脈を拡大する。子どもたちは、試行錯誤を繰り返すたびに、問題（課題）をより厳密により広い情況のなかに位置づけられるようになる。問題（課題）をより立体的にとらえることができるようになる。逆に、パッケージ化された教材は、試行錯誤をなくし、速やかな問題解決を可能にするが、文脈を拡大する契機、情況を把握する契機を失わせる。フィンランドでは、日本の図工の時間に配付されるようなカット済みの材料のパッケージなどは使わない。木工は木材を選ぶところから始め、金工は金属の板を切断するところから始まる。子どもはもっている知識と新しく調べて得た情報を総動員して、次つぎに立ちはだかる課題に取り組み、一歩一歩目的に近づいていく。予想を立てて実行し、失敗してはまた予想を立てて試してみる。このプロセスを体験させることこそが、「手工」というプロジェクト活動の目的なのである。

専心活動としての「手工」

　「手工」の時間には、個人的な創作活動をする場合と、全体あるいはグルー

図1-2 タンメラ・スクールの手工室で、木材をカットする女子児童
同校の手工担当教師によれば、手工が好きな児童の割合は女子の方が高いという（2006年、橋本撮影）。

プで創作活動を行う場合がある。いずれの場合でも、子どもたちがものづくりを通して経験する学びは一人ずつ違ったものになる。同じ作品を作っても、一番力を入れるところ、苦労するところ、失敗するところ、得意なところなど、創作のプロセスにおける経験はそれぞれ違うからである。子どもたちはそのプロセスのなかで、他者のみならず自分自身と真正面から向きあうこととなる。このような他者・自己理解をともなう活動は、学校教育が各教科を通じてめざしている能力形成を効果的に促進させている。子どもたちは自らの目的達成のために、それぞれの発達段階なりの集中力、忍耐力、想像力、記憶力、推理力などもてる力を結集し、まさに全身で課題に没頭するのである。結果的にタンメラ・スクールの「手工」の授業で行われていた活動は、デューイのいう「専心活動」そのものとなるのである。

　タンメラ・スクールの手工教室の壁には、シグネウスの肖像が貼られていた。「手工」の授業を担当していた教師に尋ねると、シグネウスはフィンランドに手工教育を導入した「国民教育の父」として有名であるという。そこで、フィンランドの教師が「手工」の重要性をどのくらい認識しているのか、この点に

について、教職経験34年という手工の教師マルク・ルオマラティ（Markku Luomalahti）氏に質問をしてみた。資料1は筆者の質問に対するルオマラティ先生の回答の一部である。注目したいのは、質問3の「手工はフィンランドに独特な教科だと思うか、なぜそう思うのか」に対する回答である。ルオマラティ先生は、「手工はフィンランドで発達した教科である。［それは、］ウノ・シグネウスに負うところが多い。最も重要なことは、以下の点である」として、手工は、①実際的であること、②経験によって学ぶこと、③抽象的な主題と具体的な課題とをつなぐ活動であること、④職業教育ではなく人間形成を目的とすることに特徴がある、と述べている。フィンランドの教師の意識をこの調査だけで明らかにすることはできないが、西島徹氏がヘルシンキ市立トゥルヌンミ小学校の校長にインタビューした記録も興味深い。同校のヒポラウタ校長は、子どもをどのように育てたいかという質問に対して、自分の教育理念を次のように話している。「自分の頭で考えられる子、感動できる子、工作ができる子。まとめていうと頭と心と手を使えるように。小学校は知識を伝えることも重要だが、手でものを作るのも重要だ」と（庄井・中嶋 2005: 61）。驚くべきことに、シグネウスがペスタロッチから学んだ教育原理が現在の教師たちのなかに実践原理として生き続けているのだ。

　入試がないフィンランドでは、知識をたくさん暗記したり素早く問題を解いて良い点を取ることにあまり意味はない。フィンランドにおいては、知識は、個人が蓄え自分の価値を示すための手段ではない。知識は、他者とともに自分を、そしてこの世界をよりよくするための手段である。能力は、試験問題を迅速正確に解く特定教科にかかわる能力ではなく、自分と世界が直面する問題を解決するためのさまざまな能力である。教科はもちろん、学校内のすべての活動を通して子どもがさまざまな能力を獲得しよりよい人生に備えさせるプロセス、それを子ども一人ひとりの学びの経験として保証したいというのが、フィンランドの教師の願いである。この素朴で純粋な願いこそが、フィンランドの教師にプロジェクト型のカリキュラムを実践させる原動力となっている。

（橋本美保）

〈資料1〉 手工教師マルク・ルオマラティ氏（教員歴34年）からの回答

1. フィンランドのナショナル・カリキュラムにおける「手工」の教育目標
生徒は、手工において、いろいろな素材や道具を使って専心し、考え方を学べるようになる。
　① 思考のスキルと創造性を学ぶ
　② 空間的な知覚を学ぶ
　③ 日常生活上実用的な製品を作ったり、修繕することを学ぶ
　④ 自分自身の環境について責任をもつことを学ぶ
　⑤ 手工の基本的技術、概念、デザインを学ぶ
　⑥ 健康と仕事上の安全に対して積極的な態度をとる

2. 手工教師としての自分が教育目標と考えていること
生徒は、手工の全体のプロセス（デザイン・作成・評価）を習得する。
　① 作業上いろいろな工具と機械を安全に使いこなすために自身のスキルを磨く
　② チームワークで一貫した仕事ができるような自身の能力を磨く
　③ 機械と電子工学にかんする問題を発見し、解決することに熟達する
　④ 自分自身の作品を作るために、着想や多角的な思考にかんする能力を開発する
　⑤ 生徒の技術を応用する際、科学技術の装備（たとえばオートメーション）に慣れ親しむ

3. 手工はフィンランドに独特な教科だと思うか、なぜそう思うのか
手工は、フィンランドで発達した教科である。ウノ・シグネウス（1810-1888）に負うところが多い。最も重要なことは、以下の点である。
　①実際的であること
　②経験によって学ぶこと（learning by doing）
　③抽象的な主題と具体的な課題をつなぐ活動であること
　④職業教育ではなく人間形成を目的とすること

4. 手工の授業で特に留意している点
　①全面発達教育の統合　　　　②生活における日常的な技術のレディネス
　③完全性を確認する能力　　　④計画し、作品を作る技能
　⑤現代の科学技術を使う能力　⑥作業上の安全に対する積極的な態度
　⑦両性の平等

〈引用・参考文献〉

安彦忠彦編　1999　『新版カリキュラム研究入門』勁草書房。

遠座知恵　2010　「近代日本におけるプロジェクト・メソッドの受容と展開」博士論文（東京学芸大学）。

遠座知恵・橋本美保　2009　「日本におけるプロジェクト・メソッドの普及——1920年代の教育雑誌記事の分析を中心に」『東京学芸大学紀要（総合教育科学系）』60：53-65。

郡司さお理　2010　「オットー・サロモンにおける教育的スロイドの特質——形式陶冶としての意義に着目して」修士論文（東京学芸大学大学院教育学研究科）。

佐々木正治・松崎巖　1976　「フィンランド教育史」世界教育史研究会編『世界教育史大系14　北欧教育史』講談社。

佐藤隆　2008　『フィンランドに学ぶべきは「学力」なのか！』（かもがわブックレット169）かもがわ出版。

庄井良信・中嶋博編　2005　『フィンランドに学ぶ教育と学力』明石書店。

高橋勝　1983　「ケルシェンシュタイナーの「作業学校論」の訓育主義的性格——デューイの「作業」観との対比において」『横浜国立大学教育紀要』23：1-15。

本多雄伸　2005　「ウノ・シュグネウスと手工教育」日本大学教育学会編『教育学雑誌』40：1-13。

Nurmi, Veli　1991　*Uno Cygnaeus: A Finnish Educator and Educationist; Summary*. Helsinki: National Board of General Education, The Finnish Government Printing Center (translated by Robert MacGilleon and Erkki Enberg).

第2章　プロジェクト活動としての「生活単位」
―― 及川平治の分団式動的教育論

〈概要〉　現代日本で行われている「総合的学習」は、学校のなかに生活の現実をとりこみ、子どもに知の総合化を経験させようとする授業である。さかのぼれば、日本における総合的学習の嚆矢は、一斉教授や注入教育が広がり、子どもの生活と学校が切り離されていくなかで、生活と学校を結びつけ、子どもの自発的な専心活動を保全しようとした大正新教育の実践に見いだせる。たとえば、及川平治が提唱し実践した「分団式教育法」は、たんなるグループ学習、少人数指導の方法論ではなく、個々の子どもの生活上の差異に応答する試みであり、「生活単位（単元）」は、教科学習を子ども集団の生活に近接させるプロジェクト活動であった。及川の教育実践は、すべての事象を生成変化する「過程」としてとらえる動的世界観を思想的基礎とし、子どもの「能力の不同」（子どもの能力差や興味の違い）に応じつつ、子どもを「真理の探究」（子ども自身が目的合理的に問題を解決する思考）に向かわせる動的教育論であった。

1　生活と学校の分離

学校の成立と子どもの生活の変化

　本章では、前章のフィンランドから目を転じ、現代日本のカリキュラム、とりわけ「総合的な学習の時間」（以下「総合的学習」）の思想的起源について確認しよう。序章でふれたように、「総合的学習」の核には、本書の主題であるプロジェクト活動が位置しているからである。1998年にカリキュラム改革の切り札として登場した「総合的学習」の目的は、子どもたちの「生きる力」を育てることにあった。「生きる力」は、「今後の変化の激しい社会で必要とされる資質」と考えられているが、総合的学習が登場した歴史的背景を考えるなら、求められている「生きる力」は、学校のなかに生活の現実をとりこみ、生活経

験と学校知を総合する力である。まず、ごく概略的ながら、こうした生活経験と学校知とを総合する力が求められるようになった歴史的背景を確認しよう。

　生活と学校が分離する発端は、近代学校制度の確立である。1872（明治5）年の「学制」頒布以降、日本社会には近代学校制度が急速に普及していった。当初は30パーセントに満たなかった小学校の就学率も、1880年代後半には60パーセントを超え、1902年には90パーセントを超えた。このような近代日本における学校の普及は、教育の量的拡大をもたらし、同質の国民、有用な労働力を作ることに貢献した（橋本 2008: 75-76）。学校はまた新しい文化・技術の発信基地となり、人と人、世代と世代、そして人びとと近代化をつなぐメディアとなった。為政者をはじめ多くの人びとは、学校は文明社会の象徴であり、学校教育を普及させることが近代化の手段であると考えていた。

　こうした近代学校とりわけ小学校の普及は、子どもたちの生活を大きく変えた。近代日本においては、1983年に放映されたテレビドラマ『おしん』に象徴的に描かれているように、経済的理由などで学校に通えない子どもは、かわいそうな子どもとして描かれたが、実際には、学齢期の子どもの多くは、さまざまな就学督促策によって学校へ「行かされる」ことになった。近代学校の普及とともに、子どもたちの生活は、学校を中心としたものへと大きく変化していった（橋本 2008: 75-81）。

生活／学校の分離

　さかのぼってみれば、江戸時代の子どもたちは、いつ学習を始めようと終わろうと、自由だった。何歳で寺子屋へ入門するか、いつやめるか、その判断は寺子の家の都合によった。毎日通う子どももいれば、そうでない子どももいた。家業の繁忙期に長期欠席する子どももいた。寺子屋で学ぶ期間も、子どもによって異なった。4～5年通う子どもが多かったが、1～2年でやめてしまう場合もあった。それは、子どもにとってもっとも重要であり中心だったものが、彼らの生活だったからである。子どもは、それぞれの生活に合わせて学習していた（石川 1978、辻本 1999参照）。そして「総合的学習」に相当するものは、子どもたちの日々の生活において行われていた。

　ところが、明治後期以降、小学校が普及し、子どもの生活が学校中心になる

と、生活と学校が分離されていった。子どもは、朝起きて、学校に行かねばならないから、遊びや家の用事は終業後か休みの日にしかできない。親も、子どもの学校の始業時間によって起床時間を変えたり、家族の行事も、学校暦に合わせて計画される。子どもも大人も、学校のスケジュールに合わせつつ、学校と生活との分離を事実として受け容れていった。学校は、生活から切り離された能力の形成のために、国民に共通の教育内容を教授する場として認知されていった。なるほど、その能力は、近代日本の工業化や産業化を支えてきた原動力であったといえるが、日本の近代化は、現実社会のなかで培われてきた生活上の知恵や道徳的にバランスのとれた「生きる力」の育成を欠落させたまま、進められた。

このように、生活と学校が分離されたときから、学校で教える教科間の知識をどう結びつけるのか、生活経験と教科学習で得られる知識とをどう結びつけるのか、という教育課題が生じた。そして、知の総合をどのように達成すればよいのかについて、さまざまな議論が展開された。現在の「総合的学習」も、こうした生活／学校の分離に発する議論の結果である。

変形される教育思想

確認するなら、生活経験と教科学習を統合する教育実践は、すでに18世紀末の近代教育思想のなかに見いだされる。たとえば、ペスタロッチが「生活が陶冶する」という理念にもとづいて説いた「事物教授」（Sachunterricht 日本では「直観教授」と呼ばれる）であり、フレーベルが幼児期の「自己活動」を重視しつつ説いた「遊び」（Spiel）である。生活経験を学校のなかに統合し、個々の子どもの成長発達を保証し、自由な精神をもつ自律した人間を育てることは、近代教育思想の課題の一つだった。

こうした近代教育思想は、明治期以降、日本にも移入されたが、すくなくとも明治初期における教育情報の受容過程は、教育情報の変容過程でもあった。西洋からの教育情報は、日本の在来の価値観によって再解釈され、西洋のそれとは異なる形で運用されていった（橋本 1998: 342）。たとえば、西洋から輸入された新学科である「唱歌」は、学制期においては、一般の小学校ではほとんど実践されなかった。日本の小学校に「唱歌」の時間を定着させた指導的人物

である伊沢修二（1851-1917）は、ペスタロッチ主義やフレーベル主義の教育論を学び、「唱歌」は調和的な「人間完成」という教育目的のために不可欠な教科であると主張した。伊沢は、子どもの自己活動や発達段階を考慮して低学年児童には「唱歌遊戯」や「実物課」の時間を設け、その実践を試みた。しかし、伊沢の意図は、「唱歌」が実践レベルで普及していく段階で変容していき、「人間完成」という教育目的は看過された（橋本 1998: 245-255, 300-304）。音楽に触れる喜びや楽しみ、遊びの教育的意義が理解できなかった人びとは、「唱歌」の時間にそれらとは本質的に異なった内容の教授を行ったのである。

　この事例に象徴されているように、明治期には文部省主導のもとで西洋の教育情報の受容がはかられたが、そうした教育情報は、それが教育現場へと伝えられていく過程のなかで、各段階の当事者によって解釈され、変容していった。日本人は、西洋文化であっても、見えたり、触れたり、聴いたりできるような、形あるものについては比較的容易に摂取することができた。しかしながら、概念やそれに付随する意味、形の背景にある理念というような抽象概念を理解するためには、その概念が根づいている言外の文脈を把握しなければならない。これはきわめて困難である。そのため、当時の日本人は、西洋教育の理念を、日本の伝統的価値観に彩られた文脈のもとで理解し、自分なりのやり方で実践するという方法をとらざるをえなかったのである。

換骨奪胎された「直観教授」

　さきほどふれたペスタロッチに由来する「直観教授」の思想は、総合的学習にふくまれる体験学習の起源であり、プロジェクト活動は、この「直観教授」の思想と不可分である。しかし、この「直観教授」も、明治期に日本の学校の実践へと移されるとき、形骸化した静的な教授形態として現実化されていった。たとえば、「問答」という科目は、アメリカのペスタロッチ主義者が唱えた「実物教授」（object lessons［Sachunterricht の英訳］）を行う時間として創設されたが、日本の教師は、これを「禅問答」ないしは「カテキズム」（宗教的問答）のイメージで理解したために、この時間は形式的問答を繰り返す時間へと変質してしまった。「実物教授（直観教授）」の思想は、明治期の日本においては、カリキュラムを総合的学習へと向かわせることなく、その本質的部分

を欠落させたまま、形式的な教科課程に吸収されていった。また、よく知られているように、明治30年代にはヘルバルト主義教育学が日本に紹介されたが、これも「五段階教授法」へと形式化され流布していった。

しかし、近代日本において近代教育思想が懐胎していた優れた原理が換骨奪胎されるなかにあって、その原理を看取し教育実践に生かそうとする試みも少なくなかった。そうした試みの一つが、大正期に導入された少人数教育であり、とりわけそこで強調された児童生徒の自治活動である。これらの試みは、一見すると、生活／学校の分離という問題の解決策ではないように見えるが、これらの試みを支えていた思想は、この分離を乗りこえようとする果敢な意志に貫かれていた。まず、大正期の少人数教育と、現在のグループ学習との違いを確認することから始めよう。

2 大正新教育の少人数指導

グループ学習とプロジェクト活動

現代日本の学校教育では、いわゆる「グループ学習」が広く取り入れられている。このグループ学習を支えているのは、児童生徒の小集団は、構成員が相互に肯定的に影響しあうという「相互作用」(interaction) を生みだし、それが個々の参加者の学習を促進する、という考え方である。この考え方は、第二次世界大戦後に日本に導入されたアメリカのグループ・ガイダンス論や、ソビエトの集団理論を踏まえつつ形成されてきた。また、戦後復興期から高度経済成長期にかけて、進歩的な教師たちは、子どもたちがしだいに激化する受験戦争のなかで成績によって選別され差別化されていく情況を憂え、グループ学習を生活指導における「仲間づくり」、またできた子ができない子に教え、集団としての連帯感を形成する「助け合い学習」と位置づけ、重視してきた。

こうしたグループ学習は、現代の学校においても、教科／教科外を問わず、大きな教育的意義をもち続けているが、グループ学習自体は、少人数で行われるプロジェクト活動から区別されるべきである。というのも、少人数のプロジェクト活動が個々の子どもの固有性に応答し専心を喚起することをめざしているのに対して、グループ学習はしばしば共同体的な集団作りそのものをめざし

ているからである。おもに「連帯意識」や「集団的思考」を教育目的としているからである。

大正新教育という起源

さかのぼるなら、少人数で行われるプロジェクト活動は、大正期に台頭したいわゆる「大正新教育」のなかに見いだされる。大正新教育は、明治後期以降の天皇制国家主義にもとづく「臣民教育」への批判として、また「注入教育」への批判として生まれた教育実践・教育思想である。大正新教育は、子どもの価値意識や知識内容のすべてが国家によって統制され、教育方法の画一化・形式化が進行していくという情況に対して、自由で個性的な教育を要求する声から始まった。この運動の主唱者たちは、従来の注入主義的・機械的教育方法を批判し、児童の「個性」や「自発性」を尊重し、児童たち自身が能動的に学級活動に取り組む「自治活動」(「協働自治」) を重視した。

この自治活動を促進するために、大正新教育にかかわっていた人びとは、学級規模の縮小を主張した。当時、尋常小学校の学級定員の上限は70名だったが、大正新教育に参画した学校は学級規模を小さくしていった。たとえば、中村春二が創設した成蹊小学校 (1912年創設) は、「個性」の尊重と児童の「精神状態」の把握のために、学級定員を30人までとした。また、澤柳政太郎が校長であった成城小学校 (1917年創設) でも、児童一人ひとりに応じた教育を実施するために、一学級30人を限度とした。しかし、学級規模を縮小すると経済的負担が大きくなるため、この試みは、経済的に余裕のある一部の私立学校でしか実施できなかった (志村 1994: 66-68)。

児童の自治活動

大正新教育を特徴づける児童の自治活動は、学級を、たんなる教授単位から協同的社会へと転換することを意味していた。たとえば、当時、児童を学習の主人公にしようという「学習法」で有名になった奈良女子高等師範学校附属小学校の主事木下竹次 (1872-1946) は、児童の協力によって学級を子どもにふさわしい「社会生活」の場にすべきだと考えて、自治活動を奨励した。同校の訓導たちは、それぞれの学級運営の中で木下の自治活動の理念を具現化していっ

た。たとえば、清水甚吾は、「自治的訓練」のために少人数のグループを作り、当番活動を割り当て、池田こぎくは、学習を推進する「組」や仕事を分担する「週番」を設けて自主的で自然な団体生活をめざしていた。このほかにも、児童の自治活動を重視する有名な実践として、羽仁もと子（1873-1957）の実践や野村芳兵衛の実践がある。自由学園の羽仁もと子は、「家族」と呼ばれる小集団を作って「自治生活」による教育を実践した。同じような試みは、池袋児童の村小学校の野村芳兵衛によっても行われた。野村については、第4章であらためてとりあげるが、彼は学校を「協働自治」の場と考えていた（志村 1994: 68-91）。

現在、日本の各地で多様な形で展開されている「総合的学習」は、大正新教育において導入されたさまざまなプロジェクト型カリキュラムと、多くの点で共通点をもち、基本的に同質の教育原理を前提にしている。それは、一言でいえば、子どもの生活経験と教科学習を結びつけ、子どもたちの活動中心の学びを保全し促進することである。いいかえれば、大正新教育は、現代の総合的学習と同じように、子どもたちの生活と学校との乖離を憂え、それらの総合を試みている。

以下、大正新教育の旗手として子どもの個性に着目し、少人数集団の学習活動を重視した明石女子師範学校附属小学校（以下、明石附小）の主事及川平治の考え方について確認しよう。及川は、1920（大正 9）年に「プロジェクト法に就て」という評論を著し、日本でもっとも早い時期にアメリカの「プロジェクト・メソッド」を紹介した人物でもある（橋本 2009a: 4; cf., 遠座・橋本 2009）。また、1912 年に及川が著した『分団式動的教育法』は、1923 年の関東大震災で紙型焼失のため絶版となるまでに 25 版を重ね、2 万 5000 部を売り尽くし、教育書としては空前のベストセラーとなった。同書の刊行以来、及川が主事を務めていた明石附小には、その実践に学ぼうと年間 1 万人を超える参観者が訪れた（兵庫県明石女子師範学校 1933: 272-273）。及川の「分団式教育法」は、なぜこれほどまでに多くの支持者を得て全国に普及したのだろうか。その魅力を探ってみよう。

三種類の分団式

及川のいう「分団式教育法」は、「グループ・システム」という考え方に依拠して展開されている。「グループ・システム」は、アメリカで教授活動の個別化を意図して考案された考え方であり、及川は、その情報をニューヨークの教育者ジョーンズ（Jones, Olive Mary 1872-1953）の著作から得ている（橋本 2005: 56）。及川が紹介した「分団式教育法」の概要を確認しておこう。及川は、分団編成の方式として「固定分団式」「可動分団式」「学年分団式」の三種を紹介している（及川 1916［1912］: 388）。

まず、固定分団式は、教師が学級内に一定の習熟度の児童をいくつかの分団（すなわち少人数集団）としてまとめ、それぞれの分団の習熟度にあわせて指導を行うという方式である。及川は「分類の標準［＝編成規準］は児童の進歩力である」と述べている。この場合の分団は、すべての教科を通して一定期間、同じメンバーのまま維持される（及川 1916［1912］: 410）。

次に、可動分団式は、教師が個々の児童の習熟度や興味関心の差異などに応じて臨機応変に一時的な分団を作って、それぞれの状態にあわせて指導を行うという方式である。たとえば、算数の得意な児童がかならずしも国語の理解が早いとはかぎらないし、ある単元が理解できた児童も次の単元ではつまずくかもしれない。児童の興味関心の多様性、能力のばらつきに留意するかぎり、指導する教科や分団の数などは、あらかじめ定めることができない（及川 1916［1912］: 410-411）。

学年分団式は、都市部の大規模学校のような児童数が多い場合に用いられる方法である。一学年内の組分けを習熟度別に行うという方式である。これは、現代のいわゆる「習熟度別学級編成」である。ただし、この方式は、各学級内での可動分団式を否定するものではない（及川 1916［1912］: 411-412）。

可動式の推奨

及川は、これら三種の分団方式のうち、可動分団式を推奨している（及川 1916［1912］: 388）。大規模な学校においては、学年は学年分団式で編成してもよいが、学級は可動分団式で編成するべきであるという。可動分団式においては、教師が柔軟に対応しようとすれば、各児童の理解や進度の差に応じた個別

指導が可能である。また、ある教科においては少人数指導を行い、他の教科では学級全体に対する教授を行うといったように、状況に応じて指導方法を変えることも可能である。

　具体的にいえば、可動分団式の指導は、教師がまず新しい内容について一斉教授を行ったあと、テストによって内容を理解した児童と内容を理解していない児童という二つの分団をつくる。内容を理解した児童の分団は、さらに習熟するためのドリルを行い、内容を理解していない分団には、教師による再教授が行われる。この後、もう一度テストをしてもっとも進度の遅い児童からなる三つめの分団が作られて、この分団に対してさらに指導が行われ、その間、他の二分団はドリルを続ける。最後に、各分団を集めてまとめの一斉教授を行う。つまり、一つの課の教授は「全体教授→分団指導→個別指導（必要な場合）→全体教授」という順序を成している（及川 1916 ［1912］: 416-422）。

教授効率ではなく子どもへの応答

　こうした分団式教育法（可動分団式の指導）は、指導形態を工夫することでたしかに教授効率を高め、学級全体の学力向上をもたらそうとする試みであるが、及川がもっとも重視したことは、子どもの習熟度の差異を認め、その差異に応じた指導を行うことが個々の子どもの学習つまり活動を保証するということである。いいかえれば、及川がめざしたことは、教授効率の追求というよりも、子どもによりそうことである。分団式教育法の基本的な目的は、子どもの一人ひとりの生活上の差異に応答し子どもを支援するために教授の個別化（個性化）を普及させることである。

　子ども一人ひとりへの応答という及川の根本的な姿勢は、及川の教育思想（動的教育論）を確認することでより明らかになるが、その前に、及川のカリキュラム論を確認しよう。及川のカリキュラム論を特徴づけているのは、授業に生活を取り入れる「生活単位（単元）」という考え方である。

3　及川平治の生活単位論

生活単位のカリキュラム

及川は、個々の子どもの生活上の差異に応じた教育方法として分団式教育法を主張しただけでなく、集団としての子どもたちの生活上の差異に応じるカリキュラムとして「生活単位（単元）」を主張した（及川は「単位」ないし「単位（単元）」と表記する）。「生活単位（単元）」は、広い意味でのプロジェクト活動をふくむカリキュラムであり、ヘルバルトの学習理論もヘルバルト主義の単元論も誤解されたまま普及した近代日本にあって、それらから区別される特異なカリキュラムだった。『分団式各科動的教育法』で述べられているように、及川にとって「単位」は、知識のまとまりではなく「[児童が] 必要を感じてより満足するまでの心身活動の分量」だった（及川 1916 [1915]: 115）。

1925（大正14）年から26年にかけての「欧米視察」ののち、及川は、ヨーロッパのフェリエール（Ferriére, Adolphe 1879-1960）やドクロリー（Decroly, Ovide 1871-1932）の「発生心理学」、アメリカのボビット（Bobbit, John Franklin 1876-1956）やスニッデン（Snedden, David Samuel 1868-1951）の「社会的効率論」を踏まえつつ、明石附小の訓導たちと協力して独自の「生活単位」のカリキュラムを開発した。1927年の「欧米教育の実際的傾向」で述べているように、及川は、彼らからとりわけフェリエールやドクロリーから「生活のために生活を通しての教育」の重要性を学んだ（橋本 2009b: 8；及川 1927: 74）。

以下に示すのは、及川の指導の下で、明石附小の西口槌太郎訓導によって1928（昭和3）年2月に実施された「生活単位」の「電車乗り遊び――明石から兵庫まで」である（西口 1930: 176-190）。当時、須磨公園では、日光博覧会が開催されて多くの見物人で賑わっていたことから、博覧会に対する児童の興味を活用し、電車に乗車するという活動を通して、乗車に必要な知識習慣態度を形成することが、この「生活単位」のねらいだった。それは、現在でいえば、小学校1年生が校外学習で日光博覧会に出かける計画を自分たちで立ててみようという、6時間にわたる単元である。まず、その概要を確認しよう（橋本 2009a: 7）。

図 2-1　明石女子師範学校附属小学校 3 年生の学習「模擬飲料水店」
店員役の子どもはエプロンを着用している。椅子に腰掛けているのが指導した西口槌太郎訓導（1935 年）。
出典：浜田陽太郎・石川松太郎・寺﨑昌男編『近代日本教育の記録』下巻、日本放送出版協会、1978 年、38 頁。

活用のための活動

　この「電車乗り遊び——明石から兵庫まで」の概要は、表 2-1 に示すとおりである。この「単位」において、子どもたちが生活と授業を結びつけるときは、すなわちもっとも応用力を発揮するときは、算数的な知識を用いるときである。第三時の「劇化」（＝ドラマ化）の時間には、兵庫・明石間の旅客運賃表が提示されるが、そこには「普通乗車券賃金表」や「回数乗車券賃金表」、また「団体貸切乗車券賃金表」や「明石大阪連絡乗車券賃金表」など、数種の料金表があり、子どもたちは、それぞれ、自分の場合はいくらの切符を購入すべきか、と考えるように、すなわち往復の場合や他の駅から乗車する場合についても試算することに関心が及ぶように、指導が展開される（橋本 2009a：7）。
　この単元は、算数の応用力を高める「単位」であるが、算数一科目にとどまらない総合学習的単元となっている。たとえば、子どもは、時刻表を見ながら出発時刻や乗車時間を計算し、遠足当日の予定を立てるだけでなく、待合室の注意書きを読み、子どもたち自身がどのような行動をとるべきかを考えて発表したり、車掌という職業にかんする研究をしたり、乗降する人を観察してその

表 2-1　学習過程

児童の活動	望ましき活動への変化
観察（第一時） 明石停留所の観察	切符売り場を知ること 切符値段表を見ること 停留所の店の品物を見て特色を知ること 待合室其の他の所に貼付された注意事項を読み行う態度へ 電車昇降上の知識 昇降する人と職業
表現（第二時） 観察した点を絵画文字によって発表すること	表現する能力
劇化（第三時） 板書の意味を解くこと 電車に乗るに必要なものを考えること 切符を買うには如何に云って買うべきかを考えること 切符値段表、沿線案内地図を読むこと 切符を買う事、売ること 人の行先を云い当てること	教師「兵庫行」と板書 兵庫行の電車なる事を知る能力 電車に乗るに必要なる事を知る能力 切符に関する知識 　行先―明石から兵庫迄の各区名と賃銭 　片道往復切符と賃金 切符の種類と使用法 沿線にある名所の知識 値段表を読む能力 　$a+b+c=A.\ a\times n.$ 　$a\times n+d=B.$ 　（遊戯化して値段表を読ましむるにある）
劇化（第四時） 須磨へ日光博覧会に行く（教室内で）組織をなす 乗る事、降りること	車掌と切符の売方に関する知識 人物を選ぶ能力 電車昇降に関する態度 電車中の態度 車掌の乗客に対する態度
須磨へ遠足（実地）（第五時） 須磨公園の観察 日光博覧会見物	（以上四時間に渉る教授の効果は、此の実行によってテストされる）
表現（第六時） 須磨動物園の作成（共同）	

＊西口（1930: 176-178）より作成。

職業や用事などを考えたり、さらに動物園の模型を作ったりもするからである（橋本 2009a: 7）。

さらに、この1ヶ月後には、この「単位」に関連の深い「汽車の旅」という「単位」が展開されている（西口 1930: 223-230）。「電車乗り遊び」も「汽車の旅」も、算数的な材料を多くふくむ点では同じであるが、前者は金銭勘定の能力に重点がおかれたのに対して、後者は時間の観念と計算能力をつけることを意図した「単位」である。後者の「汽車の旅」では、子どもが切符や時刻表、鉄道地図を作成して「汽車乗り遊び」をするという劇の実演を主要な活動としており、時計や時刻表の読み方のみならずそれを活用する能力、地図の機能にかんする知識と活用の習慣付けが学習のねらいとされている。この「単位」の最後の時間には「数学的活動」として、以下のような作問と解題の作業を通して、作問の能力や事実吟味の態度を形成するプログラムが用意されていた（橋本 2009a: 7）。

「算術問題と主眼点」[1]

1. つぎの列車に間にあいますか。
   児童は此の問題に対して、上りか、下りか、行先は、午前か、午後か、を明示しないと答えられぬといった。かく問題の不備な点を発見させるのが本問題の主眼点である。以上の要件を具備せるものは発車時刻表である。
2. 先生は昨日、京都から帰った、どの列車か。
   （［これも］要件指摘の問題である）
3. 姫路へ行き度い、どの列車に乗ればよいか。
4. 始めの汽車に遅れたらどうすればよいか。
5. 汽車に乗る時は常に間に合うか。
   遅れる時、早すぎる時、丁度の時のあることを指摘させる。
6. 京都まで行き度い、お金がいくらいるか。
   切符の種類、団体か個人か、汽車の種類、往復か片道か、大人か小人か、

---

1) 西口（1930: 226-229）より作成。

等の要素により賃金は決定される事を指摘させるのが本問題の主眼であるが、劇化の後では易々と之等の要素を発見するものである。

7．次の式で何が分るか。
2時27分－2時1分＝26分
7時53分－20分＝7時33分

右の式中の時刻は、発車時刻表、に即したもので、両者を比べて研究し、式が何分遅れたか、何分早過ぎたか、何分先に発車するか、を示すものなることの意味を発見せしむるのであるが、割合容易に発見する。

8．次の発車時間割表（割愛）で、始めから順に発車時刻の差がいくらあるか見出せ。

此の問題で時間関係の知識を整理し、時間計算の熟練を期するのである。意味指導を高張して熟練の機会を忘れてはならない。計算練習の機会はかくの如き所に見出すのである。

先に見た「電車乗り遊び」とこの「汽車の旅」は、算数的な応用力の育成を主眼とし、学習活動に関連性をもたせながらも、異なった観念の獲得とその活用力の定着をめざしている。記録によれば、「汽車の旅」は、さらに第二学年の算術科の内容へと発展させていくことを意図して構想されていた。つまり、各「単位」が相互に連絡して子どもの発達段階に応じた能力の進展をもたらすように、小学校のカリキュラム全体が周到にプランニングされていたのである。

こうした各「単位」の構造化は、「単位」がたんに生活のある場面を無秩序に取り出して何でも経験させればよいといった、場あたり的に作られたものではなく、めざすべき能力形成に対してどのような題材を用いるべきか、その題材選定を子どもを観察しながら入念に検討し決定したうえで作られたものであることを示している。ようするにそれは教師たちの熱心な共同研究の成果であった。

生活単位論の活用志向

以上にみた二つの「生活単位」は、いずれも人間社会にとって不可欠である交通（移動手段）という生活事象を題材として、算数的知識、国語的知識など

を実生活において活用する能力の形成を図っている。そして上述の二つの「生活単位」は、子ども自身がある目的のために計画し実行しそしてそれについて反省し知を構成するというプロジェクト・メソッドの形で進められている。さらに、これらの「生活単位」には、ある事象を観察した結果を絵画や作文で表現したり、自分の仮説や予想を意見として表明するといった自己表現、みんなで動物園を作るといった協同作業も含まれている。及川も「生活と分離せる学科を生活に移す方法はプロジェクト法である」と述べている（及川 1931: 6）。

このように、多様な内容を包含し、ある目的のために我を忘れて没頭できるほど子どもの興味に即した「生活単位」のプロジェクト活動が、現在「生きる力」として求められている「思考力・判断力・表現力」の育成に資しただろうことはうたがえない。いわゆる「総合的学習」に見られる教科横断的で体験中心的活動は、すでに近代日本の学校教育のなかで、明石附小の「生活単位」という形で実践されていた。その試みは、時代を超えてなお、私たちに多くの歴史的示唆を与えてくれる。「生活単位（単元）」学習は、もっとも汎用性の高い能力形成の方略として、明らかに実効的な営みである。

4　及川の動的教育論

「動的教育」

及川のこうした分団式教育、「生活単位」を思想的に支えていたものが彼の「動的教育論」である。その要点は、及川が『分団式動的教育法』において、アメリカの教育者サーチ（Search, Preston Willis 1853-1932）の著作（*An Ideal School*, 1901）を踏まえつつ強調している次の三点にまとめられる（橋本 2005: 51）。①「静的教育を改めて動的（機能的）教育となすべきこと」、②「教育の当体（児童）に存する事実を重んずべきこと」、③「真理そのものを与うるよりも真理の探究法を授くべきこと」である（及川 1916 [1912]: 1-17）。当時の一般的な授業方法は、静的で画一的な一斉教授だったが、及川は「どう考えても、一斉教育は正式の学級教育法ではない」といい（及川 1916 [1912]: 序2）、児童全員に受動性を強いる現行の一斉教授のかわりに、児童一人ひとりの自発的な学習活動、とりわけ真理を探究する学習活動をうながす教育を提唱した。

これが及川のいう「動的教育」である。

及川は、この児童一人ひとりが自発的に学習する「動的教育」の方途として、前記の②、いいかえれば、個々の児童の能力や興味の違いを重視すること、前記の③、いいかえれば、児童自身が学習を深化させていけるような学習法を身につけること、を説いた。こうした児童の差異への留意、児童自身の学習法の学習は、分団式教育の方法原理だった。及川は「教育の動的見地は、分団式教育の立脚点にして、能力不同の事実的教育及び研究法［＝探究法］の訓練的教育は分団式教育の方法である」と述べている（及川 1916 [1912]: 17）。つまり、「動的教育」論に支えられた教育方法が分団式教育法であり、その基本原理が児童の差異への留意と児童による学習法の学習であった。

「真理の探究」と「過程」

及川のいう「動的教育」（ないし「教育の動的見地」）論は、彼の「動的世界観」と密接に結びついていた。及川は、『分団式動的教育法』の続編として1915年に『分団式各科動的教育法』を出版し、そこでみずからの動的世界観について次のように述べている。「世界は時々刻々に変化する。吾人の精神は絶えず流れて生長発展する。吾々の属する社会は常に進化して止む時はない。是に於て、世界、精神、社会の動的概念を生む必要が起った」と（及川 1916 [1915]: 6）。

しかし及川は、変化する世界・精神のなかにも「同一［性］」（事象Aと事象Bを結びつけるもの）があると考えていた。「静的世界観」の場合、「凡ゆる出来事は孤立せるもので偶発の結果」（及川 1916 [1915]: 14）であるが、「動的世界観」の場合、そこに複雑に絡んでいる「因果関係」「主従関係」「機能的関係」を見いだす。こうした関係で成り立つ「変化の系列」が「過程」であり、この「過程」を理解することが「真理の探究法」の基本である。

> 「吾々は動的概念の内容として変化の継続中に多少、性質の同一を維持するという観念を有つ必要を生じたのである。特に変化の系列が結果の統一を来す場合に該観念の必要があるのである。過程という名辞は斯ういう観念を指示するに用いらるるのである。……過程とは、統一せる又は有効なる結果を

生ずる方面に趨向する複雑なる変化系列をいう」(及川 1916［1915］: 7)。
「［動的世界観をもつ私たちは］何事も［因果］関係的に考え、秩序というものは、あらゆる事物に通じて存するものと見るのである。であるから、一地位［＝situation の訳語であり、情況を意味する］の完全なる理解は次の地位の十分なる説明となる」(及川 1916［1915］: 14-15)。

「理想」と「人格発展」

しかし「真理の探究法」は、たんに「因果関係」「主従関係」「機能的関係」を理解することにとどまらなかった。「真理の探究法」は、人びとの「生活」を高める「理想」に導かれなければならなかった。及川は「人類の生活は、より新に、より善く、より大にならんとする要求の表現したる変化の系列である。単言すれば、［それは］要求実現の活動過程である。要求実現のための選択努力の過程である」と述べている (及川 1916［1915］: 7-8)。及川にとって、この「過程」で実現されるべきもっとも根本的な「要求」が「人生の意味」であり「理想」であった (及川 1916［1915］: 8)。

そして及川は、何らかの「理想」を心に抱きつつ、それを具現化する活動が「人格発展」をもたらすと考えていた。「理想」を具現化する活動は、つねに自分のふりかえりをともなっている。「理想」に向かう活動のなかでこそ、人は自分を反省し、自分をより高めることができる。及川にとって「人格」は、たんに道徳規範を内在させている内面性ではなく、理想の実現に向かって真理を探究する真摯な活動のなかにあり、かつその活動とともに更新される自己だった。「次第次第に順応し行くこと、一歩一歩に価値を創造すること、現地位［＝現在の情況］に満足せず新なる要求を実現して自己の世界を拡張することに因て人格発展ができるのである」と (及川 1916［1915］: 13)。

表象的ではなく経験的に

こうした「過程」と「理想」を重視する動的世界観にもとづく「動的教育」は、「分解的」(分節的) すなわち表象的であることよりも、「総合的」(文脈的) すなわち経験的であることを重視していた。いいかえれば、及川は、教師からの「伝達」ではなく、児童の「活動」を重視していた (及川 1916［1915］:

98)。

「動的教育は児童の地位［＝情況］に変更を与え、一地位［＝現在の情況］の統御に意識全体を働かしめ、次に他の地位［＝後続の情況］にも同じく全意識を働かせるから、真の人格陶冶が出来る。要するに静的教育は、主知的で分解的活動に傾き、動的教育は主情意的で総合的活動に傾くのである」（及川 1916［1915］: 17）。

ただし、及川のいう「理想」は不変的なもの・客観的なものではなかった。及川のいう「理想」はたえず再構築されつづけるもの・主観的なものであった。この考え方は、及川が親しんでいたベルグソン（Bergson, Henri-Louis 1859-1941）の考え方に近しい。及川は、大人であれ、子どもであれ、人が抱く「理想」が再構築されつづけるもの・主観的な情熱・意志だからこそ、人は、経験を通じてみずから学び、みずから新しい世界像を構築することができる、と考えていた。

「言えば［客観的］知識は静で［主観的］情意は動である」。「動的教育は主観的要求を理想とし、現要求を実現し行く間に、理想は歩々に向上し、自ら自己の世界を開拓し行くものと見るから、児童は自力によって自己の世界を創造するのである。然るに静的教育は理想を客観的存在となし、たとえ、客観的存在とせざるも既成のものとなし、甚しきは他人の造った理想や法則の下に自己を規定させようとするから、他人の世界に安住せんとする人間を養成する弊が［静的教育には］ともなうのである」。「動的教育は児童をして自ら経験せしめ、自己経験によって真理を発見し真理の確信を生ましめようとする。……静的教育では［児童に］経験させることよりも経験を文字文章という符号にしたものをそのまま［児童に］伝えようとするのである」。「動的教育では児童の価値感即ち学習動機を重大視し、旺盛なる動機を喚起せしめんと企てるのである」（及川 1916［1915］: 18-19）。

〈形式／実質〉、〈生活／学習〉の区別を超えて

　さらに及川は、彼の動的世界観・動的教育観によって〈形式陶冶／実質陶冶〉という教育学的区別を退けている。及川は「他人に依って交附せられ、伝達せられたる知識（事実観念の組織）を実質といひ、その実質の伝承を目的としたる教育の仕方を実質的陶冶という」と述べ、こうした「知識の収得中に記憶力、想像力、感情、意志を高め様とするもので学習の仕方に関するものである。之を形式的陶冶という」と述べている（及川 1916［1915］: 150）。及川にとってこうした〈形式陶冶／実質陶冶〉という区別は、無益ではなかったが、「過程」としての「生活」現実を無視した、静的教育観の産物だった。

> 「静的教育では、題材を以て存在［＝不動のもの・実体的なもの］となし、その職能［＝生成するもの・関係的なもの］を考えずに形式的実質的に［題材を］分類する。形式実質を区別する標準が明かでないのみならず、斯ういう見方［＝区別］は生活の仕方ではない。題材は職能構造と見ればこそ過程となるが、形式的実質的の見方は過程とはならない、且つ［理想の問題すなわち］価値の問題とならない」（及川 1916［1915］: 20）。

　また、及川は、動的世界観・動的教育観のもとでは、静的世界観・静的教育観のもとで分離されてしまっている「生活」と「学習」を一致させることができる、と考えた。どちらも「過程」として把握されるからであり、どちらも不断に再構成される「理想」に向かう営みとして把握されるからである。いいかえるなら、「動的教育の結果は生活が動的となる」ことであり、それは「生命」が生みだす「内部要求の実現のために努力奮闘し、常に希望に満ち、環境を征服して自由と勝利とのために活動し、永遠に進化する」ことである（及川 1916［1915］: 22）。そうした「理想」に向かう「過程」、ないし「永遠に進化する」ことに没入することこそが、及川のいう「真理の探究法」（「構造法」「研究法」）が生みだす「自学自習」（「自学」）という営みである。

> 「動的教育では［生活の］価値の発展統御と［学校の］学習過程とを一致せしめ、［生活の価値の］発展統御の仕方即ち題材を自力に依って構造せしめよ

うとする。それがために［児童に］構造法＝研究法を授けて、自力の構造を要求するのである」（及川 1916［1915］: 20-21）。

「自学とは、自力によって自己の要求を実現する過程である」。「自学とは、自力によって生活の価値を創造統御する過程である」。「自学とは［児童が］自力で題材を［理想に向かう過程として］構造し行く過程である」（及川 1916［1915］: 118）。

及川にとっては、児童が「真理そのものよりも、真理を探究する方法」を身につけることが重要であり、児童が知識を有しているかどうかをテストして児童を順位づけることは無用だった。いいかえれば、及川は、児童が自発的つまるところ専心的に学習を進めていける学習法（「真理の探究法」）を身につけることが子どもの「生きる力」になる、と考えていたのである。

個性と変化によりそう教師

動的教育論を基礎としている及川にとって、教師の役割はきわめて重要だった。教師の役割は、国家が定めた教育内容をできるだけ忠実にかつ効率よく伝達することではなかった。現場の教師だった及川は、自分の関心から教授法の背後にある教授理論を知るために独学でアメリカの進歩主義教育思想を学び、教師はまず児童の「学習過程」を理解し、その学習過程に沿った教授を行わねばならないと確信した。すなわち、定められた内容を教えるのではなく、児童の学習過程が自発的に展開されるように輔導することが教師の役割であると確信した。そうすることは、教室における教師の活動の質をまったく変えることだった。児童の能力や関心はさまざまであり、しかもつねに変化し続けているからである。及川にとって、教師の役割は、個々の児童の個性（差異）を把握するとともに、個々の児童の変化を観察し続け、学習過程に最適な教授を行うことだった。

こうした及川の分団式教育や「生活単位」は、実際には、教師の力量を開発し伸ばしていくことに役立ったはずである。及川が奨励した分団式教育においても「生活単位」においても、教師が児童一人ひとりをしっかり見ること、すなわち教育事実の観察、それにもとづく判断が指導の基礎だからである。教師

が着実に具体的な指導力をつけていくのは、こうした児童一人ひとりの観察、判断の積み重ねのなかにおいてである。教師は、なかなか言葉にならない個別的・動態的な教育事実の把握を重ねることで、いわば「わざ」としての指導力を身につけてゆく。分団式教育や「生活単位」は、教育事実の観察、それにもとづく判断という教師の力量こそが少人数指導による教授の個性化を成功させるカギであり、児童の専心活動の礎であることをよく示している。

5 「真理の探究」と教師

「真理そのもの」と「真理の探究」

　現代の総合的学習の起源に位置する大正新教育の教育実践、とりわけ及川の分団式教育、「生活単位」、そしてそれらの思想的基礎としての動的教育論の特徴を確認してきた。分団（少人数集団）という学習集団をつくり「生活単位」というカリキュラムを設ける理由は、児童一人ひとりの個性・変化を把握し、児童一人ひとりの「真理の探究」をうながすことにあった。そして児童の「真理の探究」は、プロジェクト活動の中核である専心活動そのものとはいいがたいが、それにつらなっていたといえるだろう。というのも、「真理の探究」が、教師の支援に支えられつつも、児童自身の自発的・没頭的な営みであり、かつ児童自身が「生命」の内在的要求に応えつつ、「理想」に向かって自己・世界の絶えざる再構築を志向し、文脈の拡充深化をめざしていたからである。

　及川のいう「真理そのもの」と「真理の探究」は、序章で述べた知の様態論に沿って、次のようにとらえなおすことができる。すなわち「真理そのもの」は、表象知（命題・言明としての知識）であるが、「真理の探究」は、事前に設えられた表象知（命題・言明）を部分的に使いながらも、子どもたち自身がみずからの自発的活動のなかで、表象知（命題・言明）をつかみ取っていくという活動内思考であり、またそうした活動ののちに、その思考を言語的に構造化し概念化することである、と。表象知と活動内思考については、あらためて敷衍するが（第3章参照）、及川は「真理そのもの」（表象知）ではなく「真理の探究」（活動内思考）を強調することで、ヘルバルトの表象論を乗りこえようとしていたのかもしれない。及川は『分団式動的教育法』の冒頭で「最早、

ヘルバルトの思想に固着することはできない」と断言している（及川 1916 [1912]: 1）。すくなくとも及川にとって、知識技能の獲得は、表象知を情報として心のどこかに蓄え、ヘルバルトがいうような「表象圏」を形成することではなかった。知識技能の獲得はむしろ、具体的な活動のなかで意識（言葉）と行為（技法）を一定の様態に調整すること、反省的・遂行的に問題を処理するための手続きを習得することだった。いいかえるなら、及川にとっては、具体的な手続きの広がり（つまり文脈や経験の広がり）のなかでこそ、表象知は成立していくべきものだった。

知識技能の足場を組む教師

また、及川においては、教師の仕事は、一人ひとりの児童のために、たとえていえば「足場」（scaffold）を組むことだったのだろう。児童は、教師の用意した足場を使うことで、すなわちさまざまな言葉の使い方、問題解決の仕方を身につけることで、一定の知のまとまり、たとえば数学的思考や数学的世界にたどりつく。そして最終的に、児童自身によって、教師が用意した足場はとりはらわれる。それが児童自身の「自学自習」すなわち自律的思考の始まりである。及川にとって「学校の重要なる職掌は指導者なき場合の研究法を在学中に訓練する」ことにあった（及川 1916 [1912]: 15）。

及川にとって児童が学ぶべき知識技能は、有用な能力に傾斜していた。教育によって形成される ability を「自為力」と訳す及川は「自為力（Ability）とは個人が成果を作出する力を意味する」と述べている（及川 1916 [1912]: 33）。なるほど、及川は、有用な能力を強調しつつも、他者をけ落とすための「競争の弊」を熟知し、比較対象を他者ではなく自分に求めつづけるなら「競争の弊」を免れることができる、と考えていた。すなわち、過去の自分と現在の自分との比較にもとづく評価を行えば、自分のために学ぶようになり、「他人に対しては競争よりも寧ろ共同研究の念を以て交わることにな」り、「成績のための勉強よりも、勉強のための勉強をなすに至る」と（及川 1916 [1912]: 400）。

しかし、私たちは、及川ほど楽観的にはなれないのではないだろうか。というのも、自分の能力（「自為力」）の向上だけをめざすかぎり、他者との協働（「共同研究」）も、自分の能力向上の手段に貶められるからである。いいかえ

れば、自分を高めるために他人を利用することを自明視することになるからである。そのとき、〈私〉と他者との本来的なつながり、つきつめていえば、〈私〉と世界との本来的なつながりは看過されていく。あらためて論じるべきだが、教師に必要なことは、たんに子どものために知識技能の足場を組むだけではない。「有能」であるか否かにかかわりなく、無条件で他者と共に生きるという倫理的な「理想」に向かう「過程」を子どもに示すことも必要である。

(橋本美保・田中智志)

〈引用・参考文献〉

石川松太郎　1978　『藩校と寺子屋』教育社（歴史新書）。
遠座知恵・橋本美保　2009　「日本におけるプロジェクト・メソッドの普及——1920年代の教育雑誌記事の分析を中心に」『東京学芸大学紀要　総合教育科学系』60: 53-65。
及川平治　1916（1912）　『分団式動的教育法』訂正12版　弘学館書店。
及川平治　1916（1915）　『分団式各科動的教育法』訂正12版　弘学館書店。
及川平治　1927　「欧米教育の実際的傾向」大阪府羽衣高等女学校講演記録。
及川平治　1931　「新教案の作り方に就いて」『心の玉』49。
志村廣明　1994　『学級経営の歴史』三省堂。
辻本雅史　1999　『「学び」の復権——模倣と習熟』角川書店。
中野光　1968　『大正自由教育の研究』黎明書房。
西口槌太郎　1930　『尋常一学年生活単位の教科構成と其教育』弘学館。
西口槌太郎　1976　『及川平治のカリキュラム改造論』黎明書房。
橋本美保　1998　『明治初期におけるアメリカ教育情報受容の研究』風間書房。
橋本美保　2005　「及川平治「分団式動的教育法」の系譜——近代日本におけるアメリカ・ヘルバルト主義の受容と新教育」日本教育学会編『教育学研究』72 (2): 220-232。
橋本美保　2008　「西洋教育情報の受容と近代教育の成立」片桐芳雄・木村元編『教育から見る日本の社会と歴史』八千代出版。
橋本美保　2009a　「1920年代明石女子師範学校附属小学校における生活単元カリキュラムの開発——近代日本における単元論の受容に関する一考察」日本カリキュラム学会『カリキュラム研究』18: 1-15。
橋本美保　2009b　「及川平治における生活単元論の形成——欧米新教育情報の影響を中心に」日本教育学会『教育学研究』76 (3): 309-321。
兵庫県明石女子師範学校　1933　『回顧三十年』兵庫県明石女子師範学校。

第3章　プロジェクト活動と知
　　　——表象知と生の経験

〈概要〉　プロジェクト学習の中心である専心活動は、活動内思考をともなっている。しかし、専心活動は、それが教育方法として形式化（マニュアル化）されるとき、いいかえれば、たんなる知識伝達の営みへと変移するとき、この活動内思考を失う。プロジェクト活動の形式化によって、専心活動そのものよりも、事前に設えられた表象知への習熟が重視されるからである。また、人が、狭義のたんなる有用性を機能的に求めるだけでなく、より広範な文脈のなかでよりよい自己・世界を倫理的に求めるかぎり、その生は揺れ動き、苦悩・呻吟を強いられるが、こうした生の経験（試行錯誤、揺動苦悩、倫理的切迫）も、表象知が前面に押しだしてくることによって、看過されうる。さかのぼっていえば、表象知によって生の経験が看過されるという危うさは、すでにヘルバルトの表象論のなかに潜んでいた危うさであり、それはニーチェが指摘したこと、また絶えざる試行錯誤、揺動苦悩を惹起しながら、果敢に「協同性」を求めつづけたデューイが指摘してきたことである。

　「人生というものを像として描くという課題は、それがどれほどたびたび詩人や哲学者によって立てられたとしてもやはり無意味である」。ニーチェ『人間的な、あまりに人間的な』(Nietzsche 1999, Bd. 2, MA: II, §19)

1　なぜ「太陽」は勝ったのか

プロジェクト学習と経験的な知

　簡潔にいえば、学校教育において用いられる「プロジェクト学習」という言葉は、学習者である子どもたちが、教師の支援を受けながらも、基本的に自分たちで何らかの問題解決・企画制作の活動を「専心的」に行うことで、「経験

的な知」を形成することを意味している。大正新教育以来、こうしたプロジェクト学習は、一斉教授に対立する教育方法として位置づけられてきたが、その「専心的」「経験的」な営みが暗示していること・含意していることは、充分に語られていない。

　ここで確認したいことは、プロジェクト学習の中心である専心活動が形成する「経験的な知（技能）」とはどういう知（技能）なのか、その特徴である。経験的な知（技能）は、「模倣」や「習熟」といった概念では充分にとらえられない深くて広い内実をもっている。ここでプロジェクト学習によって形成される経験的な知（技能）の特徴をとらえるために、まず一つの寓話をとりあげてみよう。それは、よく知られている「イソップ寓話」（Aesop's Fables/Aesopica）の一つで「北風とお日さま」ないし「北風と太陽」と呼ばれる寓話である。古代ギリシアの歴史家ヘロドトスの『歴史』によると、「イソップ寓話」は、紀元前5世紀から6世紀ころにギリシアの奴隷、イソップ（アイソープ）によって書かれたものである。ちなみに、絵本の題材としてよくとりあげられる「アリとキリギリス」「ウサギとカメ」「嘘をつく子ども」そして「金の斧」も、このイソップ寓話である。

「北風と太陽」と知

　「北風と太陽」は、北風と太陽がどちらが強いかと競い合い、最終的に太陽が勝つ、という話である。北風と太陽は、旅人のマントを先にはぎとったほうが勝ちというルールを決め、それぞれのやり方で、旅人のマントをはぎとろうとする。北風は、冷たい風を旅人に吹きつけ、マントをはぎとろうとするが、旅人は北風に吹かれれば吹かれるほど、しっかりとマントを押さえるために、マントをはぎとることができない。太陽は、旅人を照らし暖める。すると、旅人はマントのボタンをはずし、肩にかける。太陽がさらに照らし続けると、とうとう旅人は脱いだマントを草地のうえにひろげ、そのうえにねころがる。こうして太陽は北風に勝った、という話である。

　イソップにかぎらず、「寓話」が一般に「教訓」（レッスン）をふくんでいるように、この「北風と太陽」という寓話も教訓をふくんでいる。この寓話の教訓の一つは、〈むりやり相手を自分の意に沿わせようとするよりも、相手のこ

とを考えながら相手に働きかけるほうがよい〉という教訓である。もしも、太陽が、この教訓を知っていたから北風に勝ったのなら、勝敗を分けたものは、この教訓を既存の知識として知っているか／いないか、ということになろう。この教訓はさらに細かく分節化可能である。人は「暑くなれば、服を脱ぎ、寒くなれば、服を着る」という、人の行動形態についての知識、いいかえれば、被服による体温調節という知識である。また、対象操作が相手の力を利用・活用することでうまくいくという知識、いいかえれば、力が「実体」としてではなく「関係」として存在するという知識である。このような教訓においては、旅人は、この「知識」によって操作される「対象」、処理されるべき「問題」として、扱われている。

目的合理性と活動内思考

しかし、太陽は、旅人を知識によって操作される対象と見なしていない。なるほど、結果的に「相手に厳しく接するよりも、相手に温かく接するほうが、思わぬいい結果を生む」という教訓を引き出すことはできる。しかし、これは太陽が活動中に行った思考ではない。旅人が「マントを脱いだ」という結果は、あくまで「思わぬ」結果である。太陽が「人間は被服によって体温を調節する」と「力とは諸力の関係である」という二つの知識を「マントを脱ぐ」という目的を達成する手段として活用・利用しようとしていない。太陽は、あくまで旅人を暖かくしようとして、旅人を照らし続けるだけである。その「意図せざる結果」として、旅人はマントを脱ぐのである。

こうした太陽の行動が暗示していることは、活動内思考はかならずしも目的合理的ではないということである。なるほど、太陽は勝負に勝つという目的、マントを脱がすという目的を忘れたわけではないだろう。しかし、実際に太陽の行為を方向づけたものはこの目的ではない。太陽の旅人に対する役割である。いわば、太陽の自己了解である。旅人を照らし続けるという太陽の行為は、太陽の自己表現である。こうした活動内思考が目的合理性からずれることは、プロジェクト学習における知の様態を考えるうえで重要だろう。プロジェクト学習においては、ともすれば、教科の知識が学びの目的と位置づけられ、その目的を達成する手段としてプロジェクト学習が位置づけられるからであり、その

結果として、プロジェクト学習中の思考すなわち活動内思考が看過されるからである。

表象知

　学校教育における知識、たとえば「国語」「算数」「理科」「社会」といった教科の知識は「表象知」（representative knowledge）である。すなわち、「AはBである」という価値中立的な事実命題であれ、「AはBであるべきである」という価値定立的な規範命題であれ、事前に「命題」（proposition）ないし「言明」（statement）として表現されている知識である。「表象」という言葉は、事物／言葉の区別と事物／言葉の一対一対応を前提とした、言葉による事物の「再現前」を意味したり、事物／観念の区別と事物／観念の一対一対応を前提とした、言葉による観念の「表出」を意味したりする。それぞれさまざまに論議されているが（Dreyfus 2006; 門脇 2010: 57-78）、ここで私たちは、大まかに「表象」という言葉を事物についての、言語による命題・言明的な表現という意味で用いる。

　このような表象は、基本的に「主体」（subject）が創りだす「視界」（perspective）を前提にしている。その視界は、ハイデガーが「世界像」（Weltbild）と呼んでいるように、世界についての「像」（Bild/vision）であり、そのなかにさまざまな「客体」（object）が位置づけられ、主体も、その像のなかに位置づけられている。その意味で、ハイデガーは「世界が像になることは、人間が存在する諸客体のなかに混じって主体［という客体に］なるということと、まったく同じである」と述べている（Heidegger 1977: 92＝1962: 34）。言葉によって、この世界のなかの客体（A）が他の客体（B）に結びつけられたとき、「AはBである」という表象（命題・言明）が生じる。

　すくなくとも伝達論的な教育論を採用するかぎり、すなわち教授学習過程とは「ヒトXからヒトYへ、モノZが伝え渡されることである」と考えるかぎり、学校教育で教えられている知は、表象知として取り扱われる。そうした表象知は、多くの場合、問題を解決するための、目的を達成するための実効的な手段の選定という目的合理性に組み込まれた「有用な知識」として位置づけられている。すくなくとも、現代日本の学校におけるカリキュラム内容としての

表象知の多くは、何らかの問題を解決する、目的を達成するという実効性をもつ知識技能として、位置づけられている。

表象知という事後構成知

　一般に行われているプロジェクト学習の目的は、しばしばこの表象知を子どもが事後的に、何らかの文脈をともないつつ、具体的に獲得することである。実際に協働的・協力的に活動することで、子どもたちが教科の知識としての表象知を事後的に具体的経験をともないつつ獲得することが、一般のプロジェクト学習の主眼である。そのとき、子どものなかで生じることは、活動をつうじて得られた思考を表象知として言語化し、既存の教科書的知識の集合のなかに定着させたり、それを再構成したりすることである。

　したがって、一般に行われているプロジェクト学習は、すみやかにかつ実践的に表象知にいたるための手段として位置づけられうる。プロジェクト学習における仲間とともに何かに没頭している状態、子どもたち一人ひとりの心がその何かによって専有されている状態は、なるほど生き生きとした自発性や豊かな創造性に満ちているが、基本的に所定の表象知にいたるための合理的方途である。そのかぎりにおいては、プロジェクト学習は、目的達成へと一直線に進んでゆく目的合理的な活動である。

生の経験という活動内思考

　しかし、プロジェクト活動が生みだす知は、表象知にかぎられない。というのも、プロジェクト活動は、生の経験という活動内思考も生みだすからである。たとえば、第1章でもふれたように、アメリカのプロジェクト学習の創案者であるデューイが「専心活動」（occupation）をデューイ・スクールに導入した理由は、子どもたちが専心的に何らかの活動に従事するときに、目的（必要）をもってそれに向き合い、自分のすべてを投げ出して（没我の状態で）、あれこれと試行錯誤し、自分を表現しようとするからだった。たしかに、その専心活動において、子どもたちは自然の法則や物事の因果、そして問題解決の方法を学んでいくが、その学びは、自分の有用性を誇るための学びではなく、〈よく生きるとはどういうことか〉と問い、〈よりよく生きること〉を実現するた

めの学びだった。

　〈よりよく生きること〉をめぐる思考は、「何か」という問いでありながら、命題・言明という一義的解答へと収束しない。この〈よりよく生きること〉をめぐる思考は、多様であるだけでなく、表象を超えているからである。表象は、さきほど述べたように、基本的に「主体」が創りだす「視界」を前提にしている。この視界のなかの客体像（A）が他の客体像（B）に言葉によって結びつけられたとき、「AはBである」という表象（命題・言明）が生じる。しかし、生きることは、そもそもいかなる「像」にも、したがって表象にも収まりきらない過剰、主体の視界を超えるものである。ニーチェの言葉を引こう。「人生というものを像として描くという課題は、それがどれほどたびたび詩人や哲学者によって立てられたとしても、やはり無意味である」（Nietzsche 1999, Bd. 2, MA: II, §19）。

　いいかえるなら、表象知に拘泥するかぎり、表象知を超える活動内思考としての生の経験は疎外されてしまうだろう。近代教育思想において、表象知を超える生の経験は、位置づけも言葉もさまざまだが、繰り返し強調されてきた。しかし、その成果は、けっして芳しくはなかった。表象知を超える生の経験は、あまりにしばしば看過されてきた。次に、ヘルバルトの表象論をざっと確認しながら、その理由を考えてみよう。

2　表象知が看過する生の経験

ヘルバルトの表象

　近代日本の教育史においても有名なヘルバルト（Herbart, Johann Friedrich 1776-1841）は、表象概念を踏まえつつ教育を論じた人物である。「表象」については、さきほど少しふれたが、ここであらためて「表象」という言葉の履歴について確認しなければならない。日本語の「表象」は、英語／フランス語のrepresentation/représentationの訳語として使われることもあれば、ドイツ語のVorstellungの訳語として使われることもある。さかのぼれば、Vorstellungはラテン語のrepresentatioの訳語であり、このrepresentatioは英語／フランス語のrepresentation/représentationの語源である。しかし、この語

源史的な事実だけから、Vorstellung を representation と同義と見なすことはできない。なぜなら、Vorstellung は、おもに主体内部に位置している概念（観念）を意味しているが、representation は、おもに言葉による事物の代理表現、さきほど述べた事物の命題的表現を意味しているからである。ヘルバルトの「表象」は、もちろん Vorstellung であり、主体内部に位置している概念（観念）である。

　ヘルバルトは、1834年に書いた『心理学のための教本』において、「表象」が既存の「諸表象の結びつき」「諸表象のまとまり」すなわち「表象圏」（Vorstellungsmasse）に支えられて生じる、と述べている。いいかえれば、新しい経験が既存の「諸概念のまとまり」に「準拠すること」（結びつくこと）で、新しい概念として生成する、と述べている。

　「表象は、いくつかの結びついている表象［すなわち表象圏］とともに成り立っている。……ここに見いだされる事実が、真の再生産［＝事物の意味づけ］ないし記憶の基礎である。この表象の結びつきが、私たちのなかに、以前に与えられた順序と帰結のままに、諸表象の連鎖を創りだす。この事実を把握するために、私たちが考えなければならないことは、継続的に与えられたいくつかの観念が創りだすまとまりである」(Herbart 1882: 26)。

　ヘルバルトのいう「表象圏」（これは『一般教育学』でいわれる「思想界」［Gedankenkreis］にほぼひとしい）は、大雑把にいえば、一定の論理によって秩序づけられているさまざまな表象（概念・観念）の貯蔵庫である。そして、五感から入ってくる新奇な経験は、その多様さによって、その表象圏のまとまりを脅かす契機になりうる。その意味では、近年、アメリカの思想史家クレーリー（Crary, Jonathan）が述べているように、「ヘルバルトは、自律的主体を構成している意味づけや表象化の営みがもつ潜在的な危険性を認識し、その意味づけや表象化を安定させる枠組みを提示した、最初の人物の一人である」といえるだろう（Crary 1990: 101)。

精神の神性と意識的認知

　ヘルバルトは、新奇で多様な経験が表象圏にふれることで新しい表象となり、それが表象圏に取り込まれ、その一部を形成すること、すなわち人間が表象圏を踏まえつつ新しい表象を創りだす営みを「意識的認知」（apperception これまで「類化」「統覚」と訳されてきた）と表現している（Herbart 1882: 32-33）。この意識的認知は、表象圏の自己言及的な営みではない。『ヘルバルトの教育的教授論』を著したドイツの教育学者ガイスラー（Geißler, Erich E.）も述べているように、ヘルバルトのいう「魂」は「いったいどこから［意識的認知を可能にする］力と意図をえているのだろうかという問題は……純粋にヘルバルトの心理学［＝表象論］に従って考察すれば、結局、理解しえない」（Geißler 1970＝1987: 350, cf., 240-241）。端的にいえば、意識的認知は、人間の「精神」（Geist 聖霊）が後見的に行う営みであり、人間の主体性（自律性）の現れでもあった。

　ヘルバルトにとって、この意識的認知は「完全性」（perfectio/Vollkommenheit）を志向する「精神」の「神性」（Gottheit）に支えられていた。意識的認知がよりよいものに向かうのは、人間の精神が神性をふくんでいるからである。ヘルバルトが『教育の中心任務としての世界の美的表現』において語っている次のような「神」は、人間に内属する「神性」としての神である。ヘルバルトは、「神は、……もっとも古いもの、第一の根源的なものとして、人の反省的思考の文脈全体として、すでに横たわっているものである。それは、精神が錯綜した生から立ちかえっていくところであり、どんなときでも精神がたどり着くところである」と述べるとともに、「人間は、こうした神の摂理を迎え入れ、これに従う。彼は、人類に対する神意の配慮に従おうと努める」と述べている（Herbart 1982［1804］＝1973: Sn. 37, 45）。

〈表象／精神の神性〉という重層構造

　ヘルバルトにおいては、表象と精神の神性は重層的関係にある。いわば、〈表象／精神の神性〉という重層構造が前提にされている。たとえば、ヘルバルトは『一般実践哲学』において次のように述べている。「だれが完全か。完全性（Vollkommenheit）それ自体と見えるものは、つねに終わりなき過程

(Unendlichkeit) のなかにある。これは矛盾である。volle［という言葉］が完了性を意味し、終わりなき過程が完了性を超えて進むことだからである」。しかしこの「終わりなき過程」を生きる人間が「理性存在」である。そして「理性存在、すなわち［人間という］継続的に完全化（vervollkommen）しつづける存在は、つねに自分が身につけている規範の背後へと戻ってくる」と（Herbart 1887 [1808]: 359, 361）。その「自分が身につけている規範の背後」にあるものこそ、精神の神性である。

ちなみに、ヘルバルトは「フィヒテの世界史論について」の最後で、次のように述べている。

「世界（Erdball 地球）が、その全体において、健全なまるみを帯び（wohlgegrundet）、人間の歴史が、過去においても、つねに明朗で純粋なまっすぐな直線であったことは否定できない。どのような歴史も、［表象のような］心理学的な法則を経由しながらも、神性（Gottheit）によって根源的に秩序づけられた条件のもとで、進行しなければならなかったからである。……［人間が］もつべき確信は、人間が、その中核において、またその基底において、健全に（wohl）作られているということであり、また生きた存在（Dasein）がより気高い未来の段階にいたるための準備陶冶（Vorbildung）にとって本質的なものが、いつもそしてどんな時代にも欠如していないし、いなかったということである」（Herbart 1888 [1814]: 316）。

こうしてみると、ヘルバルトのいう表象は、人間の本質を神性をふくんだ「精神」に見いだしたヘーゲル（Hegel, Georg Wilhelm Friedrich 1770-1831）のいう表象と似ているといえるだろう。ヘルバルトの表象も、ヘーゲルの表象も、ともにたんなる観念・概念の形成を超える精神の営みに支えられているからである。いいかえれば、ヘルバルトの「わかる」（conpris）という営みは、それが表象の営みに還元されず、精神の神性に裏打ちされているがゆえに、ヘーゲルの表象がそうであるように、「把握する」（pris）にとどまらない営み、すなわち所有する・同化する・計算する・考量するといった営みに還元できない倫理的な営みであるといえるだろう（Malabou 1996＝2005: 162-163）。表象が「純

粋」でありうるのは、表象の背後に精神の神性が控えているからである、と。
　ちなみに、ヘルバルトが『一般教育学』において、次のように「感性」の純粋さを重視するとき、それを可能にしているものも、精神の神性である。

「［思想界（＝表象圏）によって支えられている］青少年の感性（Geschmack）は、充分に純粋でなければならない。すなわち、倫理秩序のない世界から、……つまるところ真の神性（Gottheit）をもたない自然なものから、必然的にたえず現れる不条理を厳しく退けるくらいに、純粋でなければならない」（Herbart 1982 [1806]: 93＝1964: 129）。

　より一般化していえば、この精神の神性がたんなる「ヴァーチュの表象」を「理念に支えられた行動」に変えるものであり、表象圏を豊穣化し強靭化し敢然化するものである。いいかえれば、命題を所有し、規範に同化し、成果を計算し、損得を考量する「理性」（ratio）を超える「知性」（intellectus）を人がもつための必須条件、いいかえれば、人がイエスのような完全性に向かう倫理的な力をもち、倫理的な声を聴くための必須条件は、この精神の神性である。ヘルバルトにとっては、いかに事務処理能力が高くとも、その人が精神の神性を発現させないかぎり、その人は「倫理を体現する堅固な人格」（Charakterstäke der Sittlichkeit）ではなかった。ヘルバルトにとっては、意識的認知は、それがよりよいものをめざす神意と分かちがたい営みだからこそ、やり直されるのであり、それがたんなる不充分な事務処理能力だから、やり直されるのではなかったのである。

生の試行錯誤、揺動苦悩
　しかし、精神の神性によって制御される意識的認知は、人に「知性」を与え人をよりよいものに向かわせつつも、ヘルバルトが考えていたほどには人に安定・安寧をもたらすことはないだろう。というのも、意識的認知は、一方で知覚を「知性」に属するものとして措定し、他方で知覚を「知性」の外部に属するものとして位置づけるからである。いいかえれば、人は、普遍的・秩序的なものと利那的・混沌的なものの両方に属していると知るからである。このよう

な営みにおいては、深刻な矛盾がたえず喚起され、試行錯誤が生まれ、人はたえず揺れ動き、悩み苦しむはずである。

すくなくともヘーゲルは、この試行錯誤、揺動苦悩を重視していた。というのも、ヘーゲルは、表象の「知性」への「内化」(Erinnerung) と、表象の「知性」からの「疎外化」(Entäußerung) が矛盾することを知っていた。いいかえれば、魂の内部へと向かう営み、すなわち「魂への刻印」(impression) という営みと、魂の外部へと向かう営み、すなわち「思考の表出」(expression) という営みとの矛盾を、よく知っていた (Malabou 1996＝2005 : 177, 121)。ヘーゲルにとって、表象は、篤信者の生きざまのように、一方で神的な普遍秩序に属しながら、他方で人的な刹那混沌に属することで、絶えず試行錯誤し揺動苦悩する生につながっていた。1808 年に発表された『ファウスト』の第一部の「天上の序曲」に記されたゲーテ (Goethe, Johann Wolfgang von 1749-1832) の言葉を引くなら、「人は［高きを求め］努力し続けるかぎり、誤り迷う」(Goethe 1966＝1974) ものと、ヘーゲルは考えていた。

目的と目的顕現の営みの区別

ヘーゲルにとって、精神の神性に沿おうとする生の営み、したがって絶えざる試行錯誤、揺動苦悩に満ちてゆく生の営みは、その営みの先に見定められた目的に還元されない。営みの先に見定められた目的は表象であり、命あるものの営み（生）それ自体ではないからである。営みの先にある目的は、命あるものの営み（生）がもたらす結果を反省し縮減した結果にすぎない。ヘーゲルは、1807 年の『精神現象学』のなかで、次のように述べている。

「ものごとは、その目的に還元されるものではなく、その目的の顕現過程のなかにくみとられるものである。ものごとの結果は、その生成過程をともなうときにはじめて、現実の全体となる。目的それ自体は、命のない一般表象である。目的への衝迫が、現実性を欠いたままではたんなる意欲にすぎないように。そして結果そのものは、その衝迫すらも抜きとられてしまった残りカスにすぎない」(Hegel 1991, PG: 13)。

したがってヘーゲルにとって、精神の神性が人にもたらす試行錯誤、揺動苦悩、ようするに生きる（生）という営みの経験は、ものを他者に手渡すように人に教えることができない。生きるという営みの経験は、「目的への衝迫」に彩られながらも、そのさなかにおいては、明示的に語りえない。生きるという営みを、営みの先に見定められた目的に還元し、もののように命題化・言明化してしまえば、もはやそれは、生きるという営みそれ自体ではなくなる。もうすこし風呂敷を広げていえば、たとえば、魂と肉、ロゴスとパトス、恩寵と堕落、神性と悪霊、個人と他者、理性と狂気、合理性と情動といった相反するものが、それぞれ自己言及し離反対立するのではなく相互浸透し、いわばふれあうなかでこそ、人はよりよく生きることの実相を了解していく。表象は、理性や合理性が他者や狂気や情動などを沈黙させ、命題・言明に封じ込めることによって生じたものである。ヘーゲルがもっとも重視したことは、伝達的教育観になじまない、人がよりよく生きるという営みの実相だった。

3　知の方法化が見失う生の経験

ヘルバルトの生の重視

ヘルバルトも、ヘーゲルと同じように、「生」(Leben/vitae) を重視していたではないか、といわれるかもしれない。なるほど、ヘルバルトは、『一般教育学』において「私たちは、学校のためではなく、生のために学ばなければならない」(Non scholae, sed vitae discendum) というラテン語の警句を引いている。そして、教育という営みに即していえば、ヘルバルトにとっての「生」は、何らかの目的達成のための「手段」ではなく学ぶ者の「興味関心」によって導かれる営みそのものであった。ヘルバルトは、同書において「生は、たんにさまざまな目的のために手段を用いることによって成り立っているのではない。そのような生は、欲望によって興味関心を窒息させた生である、と疑われるべきだろう」と述べている (Herbart 1887 [1806], Bd. 2: 32; Herbart 1982 [1806]: 98＝1964: 138)。

しかし、ヘルバルトにとって「生」は、たんに「興味関心」で充溢していればよいものではなかった。ヘルバルトにとって「興味関心」は、多様であり放

第3章　プロジェクト活動と知　　　　　　　　　　　81

縦であり、人が生きるうえで必要なものは、秩序であり安定だったからである。たとえば、教育学者の原聡介も、ヘルバルトが「生」を重視した理由は、彼が「転変」する生のなかに「安定」を求めたからである、と述べている。すなわち、ヘルバルトは「「生活」を「世俗的行為や苦悩」のさまざまな転変に没頭すること、ととらえ、うつろいゆく状況へのこうした没頭（彼のことばでいえば「専心」）を、深い思慮のもとに安定させる」こと、「つまり『致思』[＝反省的思考]によって統一する」ことを求めたのである、と（原 1970: 26）。

　脇道にそれるようであるが、ここでヘルバルトが踏まえていたショーペンハウアー（Schopenhauer, Arthur 1788-1860）の「生」のとらえ方にふれておくべきだろう。ヘルバルトは、自分の表象論を展開するうえで、ロックやヒュームの「観念」（idea）概念だけでなく、ショーペンハウアーが『意思と表象としての世界』で展開した、いわば無常で儚い生という生の概念を踏まえていた。すなわち「世界は苦悩し死滅しゆく者たちの土壇場にすぎない」という考え方を踏まえていた（Schopenhauer 1913＝1961: 31）。しかし、ヘルバルトは、生が無常で儚いという側面をもつことを認めつつも、生をただ苦悩するしかない営みとは考えなかったし、また超然と観照していればよいものとも考えなかった。ヘルバルトは、生はかならずよりよい方向へ向かうと信じていた。ガイスラーの言葉を借りていえば、ヘルバルトにとって生は、なるほどはじめのうちこそ無秩序であり不安定であるが、やがて秩序正しく安定する「もともと肯定的なもの」だったのである（Geißler 1970＝1987: 348）。

　このように確認するなら、ヘルバルトのいう「興味関心」は、よりよいものをめざすために試行錯誤、揺動苦悩をともなう「興味関心」ではないのではないだろうか。彼の求めるものは、試行錯誤、揺動苦悩から不可分の生の本態ではなく、あくまで秩序正しく安定している生だったからである。彼にとっての生の本態は、精神の神性に導かれ、秩序正しく安定していくことであり、試行錯誤、揺動苦悩のなかに精神の神性を見いだすことではなかったからである。さらにいえば、ヘルバルトのいう「興味関心」は、個人においてであれ、組織においてであれ、国家においてであれ、目的合理的作為から区別されるような倫理的衝迫をともなう「興味関心」ではなかったのではないだろうか。というのも、そのような倫理的衝迫こそが、とどまりえない試行錯誤、度しがたい揺

動苦悩を生にもたらすからである。

デューイの協同への衝迫

すくなくともデューイにとっては、ヘルバルトのいう「興味関心」は、デューイが考えていたような倫理的衝迫をともなうものには見えなかった。デューイは、1896年の「意志の訓練にかかわる興味関心」（"Interest in relation to training of the will"）というヘルバルト論において、ヘルバルトの表象論をカントの観念論から区別しながらも、どちらも「具体的な自生的活動」（concrete spontaneous action）と、そうした「倫理的」と形容可能である「活動への本来的衝迫」（instinctive tendencies to action）を無視している、と述べている。

> 「ともに［＝カントの観念もヘルバルトの表象も］、思考の創出、目的の把握が、具体的で自生的な活動に由来する、という事実を確認していない。そしてまた、観念や表象と呼ばれるものが、そうした活動への本来的衝迫によって導かれ方向づけられるものである、という働きも確認していない」（Dewey 1996, ew.5: 141）。

デューイが重視する「本来的」で「自生的」である「活動」とは、「協調」（co-ordination）志向の「活動」である。それは、いいかえれば、「協同」（association）志向の「相互活動」（transaction）である。この協同性志向こそが、デューイにとっての倫理的衝迫である。したがって、デューイにとって、「活動」を無視した「心理学」つまるところ「ヘルバルト主義」（Herbartianism）と呼ばれる教育言説は、水平的な連なりである協同的なものに向かう「子どものための心理学」ではなく、垂直的な隔たりである位階的社会を維持しようとする「スクールマスターのための心理学」であった。

> 「ヘルバルト主義は、本質的にスクールマスターのための心理学であり、子どものための心理学ではない。それは、権威を重視し、とりわけ個人の人格形成（formation of individual character）をもっとも重視する国民の考

え方の自然な顕れである。それは、倫理的要請への従属を求めるものであり、その要請は、そうした権威によって、戦時であれ、平時であれ、人民を管理するための要請である。それは、すべての個人はその内面に権威の原理をもち、その原理が服従ではなく協調（co-ordination）である、と信じようとする国民の心理学ではない」（Dewey 1996, ew.5: 141）。

デューイの生の経験

　よく知られているように、デューイもまた、ヘルバルトと同じように、「学ぶこと」よりも「生」（life/living）を重視している。デューイは「なるほど、たしかに［学ぶことは必要である］。しかし、子どもにとっては生きることのほうが重要であり、学びは生きることに通じ、生きることにかかわっている」と述べている（Dewey 1996, SS, mw.1: 24）。デューイはまた、次のように「生（生活）」（life）の基底性を語っている。「緊要な情況において、私たちのだれもが実感すること、それは、私たちを支えてくれる唯一の形成（discipline）、直観にまで高められる唯一の鍛錬（training）が、生（生活）それ自体によって得られるということである」（Dewey 1996, SS, mw.1: 12）。

　しかし、デューイにとっての「生」は、ヘルバルトの「生」と違い、協同性を志向する「倫理的衝迫」に貫かれていた。デューイにとっての「生」は、この倫理的衝迫に突き動かされつつ、実際に「協同的である生の様態」を了解し顕現することであり、それはまさに困難な営みであった。デューイが『デモクラシーと教育』において、生きることは「環境への働きかけを通して自己更新する過程」であるというとき、その過程は、あらかじめ目的が定められ、方法が設定された過程、プログラムされた過程などではなく、ヘーゲルふうにいえば、絶えざる試行錯誤、揺動苦悩に満ちている過程であった。すなわち、自分の過ちに苦悩し、進むべき道を踏み迷い、惑う自分を責めながらも、真に協同的に生きようとする人とともに、日々自分にふりかかる試練に打ち勝つべく努力をつづけることであった。

　したがって、デューイにとっての「生」は、世界についての表象知を内蔵し、何らかの目標が与えられると、その目標を達成するために、内蔵された表象知にもとづき、もっとも合理的な選択をすることに還元されない。「環境への働

きかけ」を通じた真の「自己更新」は、表象知にもとづく目的合理的選択からは生じえないからである。デューイにとっての「生」は、たしかに環境がもたらす問題に対峙しつつ、「道具」とその使い方を直接的に結びつけ、その問題を解決することであった。しかし、この「道具」とその使い方は、「協同的である生」を真摯に志向する倫理的衝迫によって方向づけられていた。その方向づけは、なるほど「協同的である生」と形容できるにしても、明確な目標や明確な計画といった、表象としての命題・言明によって事前に導かれるものではなかった。デューイの協同性の概念が、ハイデガーのいう「共存在」（Mit-sein）という存在論的様態をふくみもっていたからであるが、これについては、第6章であらためて確認しよう。

ヘルバルトの専心作業

ともあれ、もうすこし拡げていえば、デューイの考えていた生の経験は、形式的な教育方法の俎上に載せにくいもの、教育のマニュアル化を拒むものといえるだろう。いいかえれば、デューイの生の概念からすれば、ヘルバルトの教育論は、そのマニュアル化志向によって、教育の本態であるはずの精神の神性、つきつめていえば、精神の神性がもたらす試行錯誤、揺動苦悩といった生の経験を見失ってしまうという危険性をはらんでいた。そして試行錯誤、揺動苦悩の看過という危険性は、プロジェクト活動が喚起する知の本態を見失わせるという危険性につながっていた。

なるほど、ヘルバルトの教育論は、プロジェクト活動が強調するような「活動」と「専心」を強調しているではないか、といわれるかもしれない。たしかにヘルバルトは、子どもを何らかの「作業」（Beschäftigung）に「専心」（Vertiefung）させ、他の対象を意識の外へ排除するとき、新しい刺激が表象圏に着床し、「反省」（これまで「致思」と訳されてきたBesinnung）が可能になる、と説いている（Herbart 1982［1806］: 51）。いいかえれば、子どもの「訓練」（これまで「管理」と訳されてきたRegierung）すなわち子どもの粗野・放縦・恣意をうまくただす方法は「作業」であり「専心」である、と。

ヘルバルトは、『一般教育学』において、次のように述べている。

「子どもに対する訓練の基礎は、子どもたちに作業をさせることである。……そして、作業における子どもの活動が、自分の力で有益な作業の軌道を見つけだし、そこで自分の力を使い尽くすほど働かすことができるように、子どもをとりまく環境が整備されたとき、訓練は、もっともうまくいく」(Herbart 1887 [1806], Bd. 2: 22; 1982 [1806]: 61-62)。

方法化が見失う生の経験

一見すると、これは、プロジェクト活動について述べているようにも見えるだろう。しかし、ヘルバルトは、こうした教育方法を論じるときに、精神の神性がもたらす生の試行錯誤、揺動苦悩を積極的に語っていない。むしろ、語りえなかったというべきだろうか。生の本態としての試行錯誤、揺動苦悩、そして倫理的衝迫は、教育方法という、目的合理性に貫かれた表象(命題・言明から構成された計画)の言説からつねにはみだすからである。いいかえれば、生の試行錯誤、揺動苦悩をもたらす精神の神性は、目的／手段の連関に回収されないからである。つまるところ「生とは何か」「なぜ生きるのか」「よりよく生きるとは」という問いは、目的合理的に答えられないからである。

そして、ヘルバルトの教育論として世に広く伝播したものは、彼が了解していただろう試行錯誤、揺動苦悩、倫理的衝迫ではなく、彼が明言した教育方法だけである。すなわち「対象の明瞭化」(特定の対象への専心)、「対象と知識との連合」(特定の対象の表象圏への着床化)、「知識の系統化」(表象圏全体の再編成)、そして「知識の方法化」(知識の活用準備)である。いわゆる「ヘルバルト主義」とは、ヘルバルトが前提としていたはずの生の経験を語らず、こうした対象の明瞭化、対象と知識の連合、知識の系統化、知識の方法化というヘルバルトの教育方法を語る言説であり、そうした目的合理的言説のなかにツィラー(Ziller, Tuiskon 1817-82)とライン(Rein, Wilhelm 1847-1929)の「予備・提示・比較・総括・応用」という、ドイツのヘルバルト主義の「五段階教授法」が位置している。

4　生の経験と生活経験

見失われる生の経験

　ヘルバルトの教育論が、ドイツのヘルバルト主義者たちが唱える「五段階教授法」へと方法化されるときに失われただろうものは、ヘーゲルが見てとった生の経験、つまりよりよく生きようとすればするほど、人生は試行し錯誤し、揺動し苦悩を強いられるという、生についての活動内思考である。いいかえれば、実際に生きながら、〈よりよく生きるとはどういうことか〉と問いつづけ、かつその問いに真摯に実践的に答えつづけることである。もしも教育の機能が子どもたちそれぞれに固有な人生への準備をさせることであるのなら、こうした生の経験を失うことは、人生への準備という教育の機能を根底的に否定することにひとしい。端的にいえば、教育の場にあって子どもたちが生の経験を失うことは、教育の場に対する教育方法の決定的な違背である。

　ふりかえってみれば、生の経験と表象知との違背は、すでにニーチェが繰り返し指摘してきたことである。ニーチェは、たとえば『人間的な、あまりに人間的な』において、「生」をたえず生成し続ける営みであるととらえるとともに、こうした生成し続ける生の営みは、確実な命題・言明としては語りえない、と述べている。「生成しつつある人は、生成しつつあるものを確実で永遠なものとして、一つの『というもの』［＝命題・言明］として写しとることができない」と（Nietzsche 1999, Bd. 2, MA: II, §19）。ニーチェのいう不断の生成としての生は、ヘーゲルのいう生の経験と大きく異なっているようにみえるが、どちらも表象知に回収されないという意味では、同等の位置にある。

プロジェクト活動の核としての生の経験

　ここでいう生の経験は、言葉は似ているが、学力形成に資する生活経験からずれている。たとえば、デューイを信奉しプロジェクト活動を実践し学校改革を成し遂げた、アメリカの教育者マイアー（Meier, Deborah）は、早くから「生活経験」の重要性を認識していた。マイアーは、1968年に、教授行為を実効可能にするためには、いいかえれば、子どもたちの学力を高めるためには「子ども自身の生活経験」（child's own life）が重要である、と強調している。

その当時、マイアーは貧困層の子どもたちが集まる学校で教師をしていたが、どんなにマイアーたち教師が一生懸命に教えても、子どもたちは学ばなかった。マイアーは、「貧困地区で生活する子どもたちは、自分自身の常識に頼ることができないからだ。自分の生について一般化した概念を基礎にできないからだ」と述べている（Meier 1968: 547）。これは、貧困地区の子どもたちが「生活経験」を奪われていることを示している。

たしかに、マイアーが重視する「生活経験」は、「成績」に代表されるような「学力」を下支えしている。これは、1970年代から現在にいたるまで、教育社会学がさまざまな方法で実証してきた事実である。しかし、ここで確認したいことは、生きることが「学力」のような「能力」を下支えしていることではなく、生の経験それ自体を必要としていることである。生の経験は、よりよく生きるための、一義的な答えの出てこない不断無窮の試行錯誤であり、それがもたらす揺動苦悩であり、そのさなかにおいて気づかれる倫理的衝迫である。こうした生の経験それ自体の含意が実感されることこそ、プロジェクト活動がもたらすもっとも重要な活動内思考である。したがって、もしもなんらかの活動において、こうした生の経験が失われるなら、その活動を「プロジェクト活動」と呼ぶことはできない。「プロジェクト活動」といえる活動は、生の経験を必須の要件としている。いいかえれば、知の様態論から見えてくるプロジェクト活動の危うさは、プロジェクト活動が方法化し形式化することで、生の経験が埒外に置かれてしまうことである。そしてそうした生の経験の看過は、生の様態論に通じる思考を見失うことでもある。

豊かな知の存立条件

デューイの教育批判といえば、私たちは、デューイが「旧教育」と呼ぶ教育形態への批判を思い出すだろう。すなわち、デューイが『学校と社会』で述べているように、子どもたちの態度を受動的にしてしまうことへの批判、子どもたちを機械的に集団化してしまうことへの批判、そしてカリキュラムが画一化されていることへの批判である（Dewey 1996, SS, mw.1: 23）。こうした態度の受動性、機械的な集団化、カリキュラムの画一化の逆、すなわち積極的な態度、個別的・自発的な活動、カリキュラムの多様化・個別化を実現することが、デ

ューイ的な教育の再構築であるかのように見えるだろう。事実、デューイがコペルニクス的な「革命」と呼ぶ事態すなわち「子どもが太陽になり、その周囲を教育のさまざまな装置が取り巻くこと」（Dewey 1996, SS, mw. 1: 23）は、こうした子どもの積極的な態度、個別的・自発的な活動、カリキュラムの多様化・個別化と同義であると考えられてきた。

　しかし、私たちがここで論じたことは、そうした教育の方法の問題ではない。私たちがここで論じたことは、教育の知の問題である。すなわち、教育における知は、表象知をはるかに凌駕する暗黙知や文脈をふくむものであり、そうした暗黙知や文脈を豊かにすることで、表象知を豊かにすることができる。そして暗黙知や文脈を豊かにするものは、よりよい自己・世界を求める倫理的衝迫をともない、試行錯誤し、揺動苦悩する生の経験である。たとえば、自分の権力への欲望や自分の思惑への固執を、美辞麗句や垂訓警句でつつみ、「正義」や「危機」を声高に叫ぶ者には、真の倫理的衝迫を見いだすことができない。したがって、彼（女）らに教育を語る資格もない。また、プロジェクト活動で重視される手工も、そこにふくまれる試行錯誤も、揺動苦悩も、その活動を行う者が倫理的衝迫をもたなければ、真に豊かな経験をもたらさないだろう。どんなに多くの問題解決にいそしもうとも、それが自分の利害に直接かかわる問題だけの解決を求めている目的合理的活動であるかぎり、その問題解決は浅はかな問題解決にとどまるだろう。いくらやったところで、自己も世界もまったく広がらないだろうし深まりもしないだろう。　　　　　　　　　（田中智志）

〈引用・参考文献〉

門脇俊介　2010　『破壊と構築――ハイデガー哲学の二つの位相』東京大学出版会。
田中智志編　2010　『学びを支える活動へ――存在論の深みから』東信堂。
原聰介　1970　「ヘルバルトにおける近代教育学の成立について」『岡山大学教育学部研究集録』30: 21-29。

Crary, Jonathan　1990　*Techniques of the Observer: On Vision and Modernity in the Nineteenth Century*. Cambridge, MA: The MIT Press.
Dewey, John　1996　*The Collected Works of John Dewey, 1882-1953: The Electronic Edition*, edited by Larry A. Hickman. Charlottesville, Virginia: InteLex Corporation.

DE=*Democracy and Education* (1916 mw. 9)= 1975 デューイ（松野安男訳）『民主主義と教育——教育哲学入門』（上・下）岩波書店。
AE=*Art as Experience* (1934 lw. 10)
EE=*Experience and Education* (1938 lw. 13)= 2004 デューイ（市村尚久訳）『経験と教育』講談社（学術文庫）。
SS=*The School and Society* (1st edn. 1899/rev. edn. 1915 mw. 1)= 1998 デューイ（市村尚久訳）「学校と社会」『学校と社会 子どもとカリキュラム』講談社（学術文庫）。

Dreyfus, Hubert L. 1991 *Being-in-the-World: A Commentary on Heidegger's Being and Time, Divisin 1*. Cambridge, MA: The MIT Press.

Dreyfus, Hubert L. 2006 "Overcoming the myth of the mental," *Topoi* 25 (1-2): 43-49. = 2008 ドレイファス（蟹池陽一訳）「心的作用の神話の克服」『思想』7月号: 34-59。

Foucault, Michel 1966 *Les Mots et Les Chese: Une Archéologie des sciences humanines*. Paris: Gallimard. = 1974 フーコー（渡辺一民・佐々木明訳）『言葉と物——人文科学の考古学』新潮社。

Geißler, Erich Eduard 1970 *Herbarts Lehre vom erziehenden Unterricht*. Heidelberg: Quelle & Meyer. = 1987 ガイスラー（浜田栄夫訳）『ヘルバルトの教育的教授論』玉川大学出版部。

Goethe, Johann Wolfgang von 1966 *Faust: Eine Tragödie,* München: Deutscher Taschenbuch Verlag. = 1974 ゲーテ（手塚富雄訳）『ファウスト』中央公論社。

Hegel, Georg Wilhelm Friedrich 1991 *Georg Wilhelm Friedrich Hegel Werke*. 20 Bde. Taschenbuch. Frankfurt am Main: Suhrkamp Verlag.
PG=*Phaenomenologie des Geistes*, in *HW* Bd. 3.

Heidegger, Martin 1977 (1938) "Die Zeit des Weltbilds," in *Holzwege* (*Gesamtausgabe*, Bd. 5). Frankfurt am Main: Vittorio Klostermann. = 1962 ハイデガー（桑木務訳）『世界像の時代』理想社。

Heidegger, Martin 2000 (1946) *Über den Humanismus*. Frankfurt am Main: Vittorio Klostermann. = 1997 ハイデガー（渡邉二郎訳）『ヒューマニズムについて』筑摩書房。

Herbart, Johann Friedrich 1882 *Lehrbuch der Psychologie*. Hrsg., Gustav Hartenstein. Hamburg/Leipzig: Verlag von Leopold Voss.

Herbart, Johann Friedrich 1887 (1806) *Allgemeine Pädagogik aus dem Zweck der Erziehung abgeleitet*, in *Johann Friedrich Herbart's Sämtliche Werke*, Bd. 2. Langensalza: Hermann Beyer & Söhne.

Herbart, Johann Friedrich 1887 (1808) *Allgemeine praktische Philosophie*, in *Johann Friedrich Herbart's Sämtliche Werke*, Bd. 2. Langensalza: Hermann Beyer & Söhne.

Herbart, Johann Friedrich 1888 (1814) *Über Fichte's Ansicht der Welt-Geschich-*

te, in *Johann Friedrich Herbart's Sämtliche Werke*, Bd. 3. Langensalza: Hermann Beyer & Söhne.

Herbart, Johann Friedrich 1892（1825） *Psychologie als Wissenschaft*, in *Johann Friedrich Herbart's Sämtliche Werke*, Bd. 6. Langensalza: Hermann Beyer & Söhne.

Herbart, Johann Friedrich 1982（1804） *Über die ästhetische Darstellung der Welt als das Hauptgeschäft der Erziehung*, in *Pädagogische Schriften*, Bd. 1, hrsg., v. Walter Asmus, Stuttgart: Klett-Cotta. ＝ 1973　ヘルバルト（高久清吉訳）「教育の中心任務としての世界の美的表現」『世界の美的表現』明治図書出版。

Herbart, Johann Friedrich 1982（1806） *Allgemeine Pädagogik aus dem Zweck der Erziehung abgeleitet*, in *Johann Friedrich Herbart Pädagogische Schriften*, Bd. 2. Stuttgart: Klett-Cotta. ＝ 1964　ヘルバルト（三枝孝弘訳）『一般教育学』明治図書出版。

Malabou, Catherine 1996 *L'avenir de Hegel: Plasticité, Temporalité, Dialectique*. Paris: J. Vrin. ＝ 2005　マラブー（西山雄二訳）『ヘーゲルの未来――可塑性・時間性・弁証法』未來社。

Meier, Deborah 1968 "Learning not to learn," *Dissent* 15（6）: 540-548.

Meier, Deborah 1999 "Needed Thoughtful Research for Thoughtful Schools," Ellen C. Langemann/Lee S. Shulman, eds., *Issue in Educational Research*. San Francisco: Jossey-Bass Publishers.

Nietzsche, Friedrich 1999 *Friedrich Nietzsche Sämtliche Werke: Kritische Stadienausgabe*. 15 Bde. Berlin und New York: Walter de Gruyter. ＝ 1979-1987 『ニーチェ全集』第Ⅰ期12巻、第Ⅱ期12巻、白水社。

MA＝*Menschliches, Allzumenschliches*, I/II, Bd. 2.

Schopenhauer, Arthur 1913 *Parerga und Paralipomena: Bd. 2*, in *Arthur Schopenhauers sämtliche Werke*, hrsg. v. Paul Deussen, Bd. 5. München: Piper. ＝ 1961　ショーペンハウエル（細谷貞雄訳）『知性について』岩波書店（部分訳）。

第Ⅱ部
プロジェクト活動と生

第4章　幼小連携とプロジェクト活動
——教育情報の伝達とその困難

〈概要〉　デューイにとって、フレーベルの幼児教育論は、彼の展開した進歩主義教育思想、とりわけプロジェクト活動論の原点である。本章は、アメリカの進歩主義教育思想のなかに登場した幼小連携カリキュラムの特徴を確認し、それが教育情報として日本に伝達された経緯を示す。デューイは、形骸化したフレーベル主義の幼児教育だけでなく、ホールを中心として展開された児童研究も批判した。進歩主義教育者の主張にもとづいて、幼稚園は公教育システムに組み込まれ、幼稚園と小学校とが連携するカリキュラムが開発された。幼稚園と小学校低学年は、プロジェクト活動を核とした一つのまとまりと考えられるようになった。こうした幼小連携の情報は、同時代の日本にも伝えられ、その背景にデューイの「社会的生活」という概念があることも伝えられた。しかし、この「社会的生活」に支えられたプロジェクト活動の含意は、当時の日本にはうまく伝わらなかった。日本では、いまだに幼小連携カリキュラムは実現されていない。

1　幼小連携とプロジェクト活動

幼小連携の由来

　現代日本の教育問題の一つは、幼稚園（保育所）と小学校の連携をどうはかるかである。この問題は現実的な問題である。日本の学校現場でしばしば耳にする「小1プロブレム」の原因は、幼稚園から小学校への学習環境の急激な変化にある。幼稚園では子どもの興味を重視し子どもたちの活動を大切にするが、小学校では教科を重視し教師主導の一斉授業が中心だからである。

　教育政策においても、幼小連携は重視されている。たとえば、中央教育審議会は、幼児教育と小学校教育の連携強化をはかり、なめらかなつながりを重視

し、2005年の答申『子どもを取り巻く環境の変化を踏まえた今後の幼児教育の在り方について』において「生きる力の基礎となる幼児教育の成果を小学校教育に効果的に取り入れる」ことが必要であると論じている。この答申は、小学校教育にも幼児教育の目的やカリキュラムを理解し、その成果を取り入れるように求めており、この答申を受けて、近年、小学校と保育所・幼稚園との相互理解や交流が試みられてきた。

　こうした幼小連携の取り組みは、さかのぼれば、すでに20世紀初頭のアメリカで展開された「進歩主義教育」（progressive education）において始まっていた。アメリカの進歩主義教育は、「幼稚園運動」に連動するとともに、その実験的試行の一つとして、幼小連携のカリキュラムを提案してきた。その特徴は、これまでにも確認されてきたが、本章では、プロジェクト活動を縦糸としつつ、あらたに次の二点について確認しよう。一つは、進歩主義教育の幼小連携カリキュラムにおいて、幼稚園の活動志向という立場と小学校の知識教授志向という立場がどのように統合されていったのか、その統合の方法である。もう一つは、日本の教育界が、いつ、どのようにアメリカの進歩主義教育の幼小連携カリキュラムを受容したのか、その受容の経緯である。

活動と知識教授をつなぐプロジェクト活動

　結論を先取りしていえば、幼稚園の活動中心という立場と小学校の知識教授中心という立場をつなぐものは、本書の主題であるプロジェクト活動である。20世紀前半のアメリカにおいては、幼稚園の教育は、基本的に幼児の興味、活動を重視する営みだったが、小学校の教育は、基本的に教師の授業、知識教授を重視した営みだった。デューイ（Dewey, John）、キルパトリック（Kilpatrick, William Heard）といったアメリカの進歩主義教育を推進した人びとは、幼児の活動を中心にした幼稚園の立場を、プロジェクト活動を媒介項とすることで、教師の知識教授を中心とした学校教育の立場と、結びつけようとしたのである。

　しかしながら、活動と知識教授を結びつける画期的な試みだったはずのプロジェクト活動は、日本の教育界に注目されたもののほとんど普及はせず、進歩主義教育の幼小連携カリキュラムも、日本に定着しなかった。これは、活動と

知識教授を結びつけるはずのプロジェクト活動の内容が、情報としては日本に伝えられながらも、内実として日本で充分に理解されなかったからであろう。とりわけ、プロジェクト活動の含意を理解するために欠かせないデューイの教育論、すなわち教育による「社会的生活」(social life) の形成という考え方が、当時の日本で理解されなかったからであろう。アメリカの進歩主義教育において幼小連携カリキュラムが開発されていた時代に、その情報が日本の教育現場にどのように伝えられていたのか、その経緯を確認することで、その事実が見えてくるはずである。

以下、まず、アメリカに起こった幼小連携カリキュラム論の背景とその実践の動向を概観しよう。そのうえで、当時、日本に伝えられた幼小連携の情報を分析し、どのような立場の人がどのような実践に注目していたのか、その内容を明らかにしよう。そして最後に、推論にとどまるだろうが、アメリカの幼小連携カリキュラムがプロジェクト活動を重視していたにもかかわらず、その内容を語るデューイの教育論が当時の日本ではよく理解されなかったことを示唆しよう。

2　ホールの児童研究とデューイの社会的生活

幼稚園教育の形式化と児童研究運動

アメリカの幼稚園運動の端緒は、ドイツのフレーベル主義の幼稚園が、1850年代のアメリカに導入されたことにある。この時代のアメリカは、産業化が進み、また移民が増加するなか、都市の人口増加が社会問題化していた。幼稚園は、公教育に組み込まれることで、中産階級以上の家庭教育に一定の見通しを与えるとともに、リベラル・プロテスタンティズムの社会改革運動に取り入れられることで、貧しい下層階級の幼児の救済にも貢献した。元来、フレーベル主義の幼稚園論は、教育による社会改革をめざしていた（Vandewalker 1971＝1987、阿部・別府ほか 1988 参照）。

1880年代から、幼稚園は進歩主義教育のなかに組み込まれていったが、その主要な契機は、アメリカにフレーベル主義の幼稚園が普及していく過程で、遊びの意味、子どもの発達観が変化したこと、すなわちフレーベル自身が考え

たものからずれていったことにある。とくに実践レベルでは、フレーベル主義は「恩物」をただ使用すればよいという技術主義へと形式化されていった。こうした形式主義に陥った幼稚園教育の実態を批判し改善をめざした運動が、19世紀末から20世紀初頭にかけて起こった「児童研究運動」（child study movement）であり、進歩主義教育運動である。

ホールの児童研究と作業単元

アメリカの幼稚園は、1880年代に始まった児童研究運動と早くから接点をもっていた。児童研究運動の指導者だったホール（Hall, Granville Stanley 1844-1924）は、フレーベルの精神から離れて著しく形骸化した「恩物」「作業」を固守しようとするフレーベル主義の教育者を批判した。ホールは、神経・筋肉組織の発達過程にかんする科学的な研究成果にもとづいて、フレーベル主義の「作業」が細かすぎること、後に発達する付随的筋肉の訓練に重点を置きすぎることを批判した。こうした発達の順序の指摘は、幼稚園教師たちの認識を変化させ、「恩物」「作業」に固執する保守派を批判し、遊具の改良を推奨し、「人形遊び」のような活動を重視したヒル（Hill, Patty Smith 1868-1946）や、同じような考え方をもっていたルイヴィル教員養成学校（Louisville Training School）の教師だったブライアン（Bryan, Anna E. 1858-1901）のような改革派を生みだしていった（菅野 1988: 43-46）。

同じような「児童研究」の影響は、改革派の幼稚園だけでなく、進歩主義教育を実践しようとした多くの実験学校にも見られた。とくに「人形遊び」から展開した人形の衣服や食物、家を作るといった「作業単元」は、アメリカの進歩主義教育の拠点となるような実験学校だけでなく、多くの一般の学校にも、そして日本の新教育実践校にも共通して取り入れられた。すなわち、元来「児童研究」は、学齢期の児童とそれ以前の幼児の発達特性の区別を論じるような言説ではなく、むしろその境界が曖昧であり、連続的であることを指摘する言説だったのである。

デューイの「社会的生活」

進歩主義教育運動の理論的支柱だったデューイもまた、当時のフレーベル主

義の幼稚園を批判していた。デューイは、ホールと同じように、発達の順序という観点からフレーベル主義の「恩物」「作業」を批判したが、ホールの展開した「児童研究」を超えて「社会的観点」から幼児教育の改革を求めた[1]。「デモクラティックな社会」の創出をめざしていたデューイにとって、幼稚園は「デモクラティックな社会」の土台を築く場であった。デューイにとって「デモクラティックな社会」の土台は、たえずよりよい状態をめざし活動する「社会的生活」(social life)であった。デューイにとってこの「社会的生活」は、たんなる「協働」(collaboration)すなわち共通の利益のために異なる能力・役割をもつ人が目的合理的に力を合わせることではなく、人間の経験が本来的にもつべき空間的・歴史的な広がり、すなわち人がこの世界と共に在ることをふくんだ概念であった。

　たとえば、『学校と社会』の第3章において、デューイは「社会的生活」について次のように述べている。「私が示唆したいことは、部分［として存在している人間］を結びつける実質的に唯一の方法は、それぞれの人を生活（生 life）と結びつけることである。……私たちは、学校システムをより大きな社会的生活（社会的な生 social life）の一部と見なさなければならない」と (Dewey 1996, SS, mw.1: 44)。また1909年に発表された「教育の道徳原理」においては、次のように述べている。「学校で学ぶ子どもたちは、それぞれに一つの生活（生 life）であるが、［それを包括する］社会的生活（社会的な生 social life）を生きなければならない」。そして「もしも社会的生活への参加を取りやめるなら、学校は道徳も目的も失う」と (Dewey 1996, MPE, mw. 4: 269, 271)。

社会的＝協同的

　むろん、デューイのいう「社会的生活」を機能的（目的合理的）にとらえることもできる。すなわち現実的な「社会生活」ととらえることもできる（以下に明らかになるように、ここでは「社会的生活」と「社会生活」を区別して用いる）。しかし、デューイにとって「社会的」(social)の意味は、たんに「実

---

[1] デューイの児童研究運動への批判については、菅野 (1988: 48-55) が詳しく紹介している。

社会の」という意味に限定されない。デューイは、『デモクラシーと教育』において、二人以上の人間が集まっている状態を形容する「社会的」(social)と、協同的な関係を意味する「社会的」(social)とを区別している。たとえば、「社会集団」(social group)のなかで営まれている関係が「社会的」(social)といえない場合があると、デューイは述べている。

「もっとも社会集団のなかにも、まだ社会的とはいえない多くの関係があるということを、私たちは認めざるをえない。どのような社会集団においても、とても多くの人間の関係が、いまだに機械の関係と同じような段階にとどまっている。人は、自分の欲望をとげるためにたがいに他者を利用するが、そのとき、自分が利用する他者の情緒的・知性的な内面性や同意の必要性を考えていないのである」(Dewey 1996, DE, mw.9: 8)。

そしてデューイは、たんに相手を利用し合う「機械の関係」が、親と子ども、教師と子ども、雇用者と労働者のあいだに見られる場合、「彼らの活動が相互にどんなに密接に結びついていたとしても、彼らは真に社会的である集団を形成することができない」と述べている (Dewey 1996, DE, mw.9: 8)。

デューイにとって「社会集団」が真に「社会的」と形容されるにふさわしい集団であるためには、その集団の構成員が自由なコミュニケーションを通じて「協同的に生きる過程」をふくんでいなければならなかった。『デモクラシーと教育』に記されているように、「協同的」に生きることは「他者が考えたり感じたりすることを他者と共に考えたり感じたりすること」であり、そうした他者への共感とともに「自分自身の態度が修正されること」であった (Dewey 1996, DE, mw.9: 8)。

そして、のちに確認するように、デューイにみられるこうした「社会的生活」(協同的な生)という概念こそが、進歩主義の幼稚園を特徴づける理論的基礎の一つとなっていた。そして、デューイ自身、シカゴ大学の実験学校(デューイ・スクール)において「専心活動」を基礎的な単位としたカリキュラムを実践することにより、「社会的生活」すなわちデモクラシーを志向する教育の正しさを確認しようとした。つまるところデューイにとって「社会的生活」

すなわち「協同的に相互扶助的に生きること」(cooperative and mutually helpful living)、「相互依存」(mutual interdependence) を原理とする教育実践こそが「フレーベルがはじめて意識的に提唱した原理を実行する」ことであった (Dewey 1996, SS, mw. 1: 81)。

3 進歩主義教育の幼小連携論

幼小連携論の登場

さて、1890年代になると、先にふれたヒルやブライアンのような幼稚園教育の改革を求める人びとは、ホールの児童研究やデューイの社会的生活論のほかにも、キルパトリックのプロジェクト・メソッド論や、ソーンダイク (Thorndike, Edward Lee 1874-1949) のS-R心理学なども援用し、幼稚園のカリキュラムを改革するべきである、と主張するようになった。フレーベル主義にこだわる保守派とこうした改革派との対立は、1892年に結成された「国際幼稚園連盟」(International Kindergarten Union、以下IKUと称す) において展開され[2]、両者の論争は、最終的に改革派の勝利に終わった。

その結果、幼稚園はアメリカの公教育システムへ編入されていった。それは、幼稚園教育をフレーベル主義から進歩主義へ転換させる契機となり、また小学校と幼稚園との連携を生みだす契機となった。この編入過程で、幼稚園と小学校低学年が一つの構成単位と考えられ、同一の原理にもとづくカリキュラムが作成された。そのカリキュラムが、IKUと連邦教育局が協力して作成した『幼稚園のカリキュラム』(International Kindergarten Union 1919) と『幼稚園と第一学年のカリキュラム』(International Kindergarten Union 1922) である。IKUの教育委員会事務局長ヴァンデウォーカー (Vandewalker, Nina Catherine 1857-1934) は、後者において、幼稚園教師と小学校低学年の教師がともにこの段階のカリキュラムを研究し実践において連携するよう求めている (International Kindergarten Union 1922: vi)。

---

2) 進歩主義派の幼児教育理論とその代表的なカリキュラムについては、坂田 (1973: 35-51)、滝沢 (1986: 14-22)、阿部・別府ほか (1988) などの研究成果を、橋川喜美代がまとめている (橋川 2003)。

読み書きの個別的対応

1919年の『幼稚園のカリキュラム』の「概論」は、幼稚園と小学校低学年教育の連携を維持できるように、共通する主題の教授や教授法を創りだす必要がある、と述べている。そして、具体的な問題として、幼稚園における読み書き問題をとりあげている。すなわち、5歳から7歳までの子どもは文字や言語に関心をもつようになるから、幼稚園でも小学校低学年でも最良の方法によってそれを教える準備をしなくてはならない。幼稚園の教師は、それぞれの子どもにとって充分適当な時期だと判断されたときに、言語使用にかんする適切な学習を用意すべきであり、同時に小学校の教師も発達の遅い児童や幼稚園で充分に読み書きを学習しなかった児童に対して、うまくその機会を準備しなければならない、と。そしてこうした問題は、幼稚園と小学校低学年の教師が小学校の3、4年までに習得すべき必要事項に対して充分な理解をもっていれば対応できる、と結んでいる。

この『幼稚園のカリキュラム』は、1923（大正12）年に、日本の『幼児の教育』誌上で紹介されている（「幼稚園要目」と題されたその記事は『幼児の教育』第23巻1号から9号に連載された。後出の表4-1中の記事9、10、11、12、16、17、18、19、21がこれにあたる）。翌年、この翻訳を『幼稚園保育要目』として刊行した日本幼稚園協会主幹の倉橋惣三は、本書の題名は「幼稚園保育要目」となっているが、「小学校幼学年の教育のためにも直接適切の資料たるべきは、原著編纂の趣旨が初めから、それをも主要目的の中に含めて居ることによって、疑いなきことである」と述べ（万国幼稚園協会案 1924: 序3)[3]、本書が広く幼稚園と小学校の関係者に読まれることを期待していた。

活動と社会的生活

1922年に発表された『幼稚園と第一学年のカリキュラム』も、幼稚園と小学校低学年の子どもの発達の連続性を重視し、とくに小学校の教師に幼稚園における活動と連続した学び（すなわちプロジェクト型の活動）の機会を広げていくことを要請している。そして、その教育目的を、幼稚園の子どもと小学校

---

[3] 日本幼稚園協会は『幼稚園保育要目』を刊行した翌月、書名を『幼稚園及小学校保育要目』と変えて内容の同じ書籍を出版している。

低学年の児童に共通する興味や身体的な活動の必要性を重視して、次のように設定している。(1)児童を取り巻く環境の重要な側面への興味を広げること、(2)児童の経験を修正し、拡大し、解釈し、組織すること、(3)児童に望ましい態度と習慣を育成すること、である。

そして、『幼稚園と第一学年のカリキュラム』は、これら三つの目的を達成するためには、小学校において幼稚園で得られた活動の経験をふまえ、それらをさらに工夫して積み重ねていく必要がある、と述べている。すなわち、小学校の教師は、個別に幼稚園の教師から個々の子どもの習慣の定着、技能の習得の程度にかんする情報と同時に、それぞれの子どもが聞いたり学んだりした歌や物語、遊んだり楽しんだりしたゲームやお絵かきの作品の数例を引き継ぐべきだ、と論じている。そして、その題材として、幼稚園のカリキュラムと同様に、子どもが興味をもつものであると同時に、デューイのいう意味での「社会的生活」にとって価値のあるものを選ぶように求めている。このカリキュラムには、子どもが興味をもつ「生活上の活動」を組織した季節ごとのプロジェクト型のプログラムが例示されており、その特徴は、現実的な「生活上の問題解決」を目的とした多様な活動をさせることで、望ましい「人格形成」（character formation）をはかることにあった。

テンプルとパーカー、ヒルとキルパトリック

こうした『幼稚園のカリキュラム』と『幼稚園と第一学年のカリキュラム』の作成には、当時アメリカで幼小連携の実践を試みていた進歩主義派の教師たちの考え方が取り入れられていた[4]。その一つが、シカゴ大学のテンプル（Temple, Alice）とパーカー（Parker, Samuel Chester 1880-1924）の考え方で、二人は、幼稚園と小学校低学年が有機的で活気あふれる関係を維持するもっとも効果的な方法は、両方のカリキュラムを同一の「単位」で構成することであるとし、早くから幼稚園と小学校低学年を統合する教授法の開発に取り組んでいた。その一端は、パーカーの『初等学校の一般教授法』（Parker 1919）、パーカーとテンプルの『統合された幼稚園と第一学年の教授』に示されている

---

4) テンプルとパーカーがかかわったIKUの『幼稚園のカリキュラム』『幼稚園と第一学年のカリキュラム』の内容は、橋川（2003: 361-370）が詳しく紹介している。

図4-1 ルイビルのヒルの幼稚園で本物の工具を使って人形の家を作る園児たち
人形の家の中の家具を製作中（1900年ごろ）。
出典：Jennifer Wolfe, *Learning from the Past: Historical Voices in Early Childhood Education*. Alberta, Piney Branch Press, 2000, p. 258.

(Parker/Temple 1925)。

　もう一つが、先にふれたヒルの考え方である。ヒルは、ニューヨークのコロンビア大学ティーチャーズ・カレッジにおいて、パーカーらと同様の実験を行った。ヒルは、1905年からスペイヤー・スクールに「実験的遊戯室」を設けて、子どもの自由遊びの観察と幼稚園教師の能力開発について研究を行っていたが、1915年に実験の場をティーチャーズ・カレッジに付設されたホレースマン・スクールに移し、そこでキルパトリックとともに行った研究の成果を、1923年に『幼稚園と第一学年のためのコンダクト・カリキュラム』（*A Conduct Curriculum for the Kindergarten and First Grade*, 以下『コンダクト・カリキュラム』）として公表した。のちにふれるヒルの「習慣目録」（lists of habits）を中心とする「コンダクト・カリキュラム」の開発は、ホレースマン・スクールの小学校において、幼小連携の実現という観点から行われたものである。

　こうした、1910年代に本格化したシカゴ大学とコロンビア大学における幼小連携カリキュラムの実験的研究の成果は、それにかかわった人びとの著書や

養成された教師たち、IKU の標準カリキュラムなどを通して、1920 年代には、アメリカ全体に普及していった。

『幼児の教育』の幼小連携論

　アメリカにおいて 1920 年代に普及した幼小連携カリキュラムにかんする情報は、同時代の日本にも伝えられていた。表 4-1 は 1911～30 年の期間、雑誌『幼児の教育』に掲載された幼小連携にかんする記事の一覧である。『幼児の教育』は 1901（明治 34）年に創刊された『婦人と子ども』の継続誌であり、創刊以来、もっとも専門的な幼児教育雑誌だった。創刊号の発行者である「フレーベル会」は、東京女子高等師範学校において発会した研究会で、会長には同校の校長があたるとされた。同会は、1918 年 10 月の総会において会名を変更して「日本幼稚園協会」となった[5]。

　表 4-1 を見ると、同時代の他の教育雑誌にはそれほどみられない幼小連携の問題が、幼児教育界においてはかなりの関心事だったことが看取される。ここでは、『幼児の教育』に掲載された幼小連携にかんする記事について、三つの特徴を指摘しておこう。

　特徴の第一は、記事のほとんどが、アメリカ・ヨーロッパの幼小連携にかんする情報の紹介であることである。表 4-1 に挙げた 53 件の記事のうち、アメリカ・ヨーロッパの教育情報にふれていない記事は 2、13、15、26、の 4 件のみである。とくに、アメリカにおける幼小連携の教育情報にもとづく記事は 35 件あり、全体の 66 パーセントを占めている。

　特徴の第二は、幼小連携にかんする記事の数が、1920 年代に入って、急激に増えていることである。これは、先に指摘したアメリカの幼小連携にかんする情報に拠った記事が多いことに関係している。当時、幼稚園がすでに普及していたアメリカでは、前節にみたような進歩主義的な幼稚園運動のなかから生まれた実践的な研究を踏まえつつ幼小連携カリキュラムが開発されており、

5）　同会の機関誌は、1918（大正 7）年の第 18 巻までは『婦人と子ども』、第 19 巻 1 号（1919 年）から第 23 巻 8 号（1923 年）までが『幼児教育』、第 23 巻 9 号以降、現在にいたるまでは、『幼児の教育』という誌名で刊行されている。また、1912 年より倉橋惣三が、1925 年 8 月からは堀七蔵が編集者となった（津守 1979: 3-11）。創刊号発行団体だったフレーベル会については、湯川嘉津美の研究（2008: 21-43）がある。

表4-1　幼小連携にかんする内容を含む記事一覧

番号	巻 号	執筆者名	論題
1	11- 7	佐々木吉三郎	幼稚園と小学校との課業上の連絡
2	16- 2		小学校から幼稚園への希望（一）～（三）
			幼稚園から小学校への連絡（一）～（六）
3	17- 3	久保良英	北米合衆国に於ける幼稚園教育の理論及び実際
4	18- 3	北沢種一	新入学の尋常一年生－幼稚園より小学校へ
5	19- 9	藤井利誉	幼稚園と小学校との連絡問題
6	20- 5	アリス・テンプル女史述	幼稚園と小学校との連絡問題（一）
7	20- 6	アリス・テンプル女史述	シカゴ大学附属小学校－幼稚園と小学校との連絡問題（二）
8	22-10/11	倉橋惣三	シカゴ及コロンビア大学附属幼稚園
9	23- 1		万国幼稚園協会案幼稚園要目（一）
10	23- 2		万国幼稚園協会案幼稚園要目（二）
11	23- 3		万国幼稚園協会案幼稚園要目（三）
12	23- 4		万国幼稚園協会案幼稚園要目（四）
13	23- 4	堀七蔵	小学校から幼稚園への希望
14	23- 4	倉橋惣三	幼稚園から小学校へ－幼稚園と小学校幼年級の真の連結
15	23- 4	山内俊次	幼児最初の学校生活
16	23- 5		万国幼稚園協会案幼稚園要目（五）
17	23- 6		万国幼稚園協会案幼稚園要目（六）
18	23- 7		万国幼稚園協会案幼稚園要目（続き）
19	23- 8		万国幼稚園協会案幼稚園要目（続き）
20	23- 8		幼稚園・小学校の初等年級のプロゼェクト
21	23- 9		万国幼稚園協会案幼稚園要目（続き）
22	24- 5	フレドリックジー・ボンサー	小学校に於ける初年教育の標準
23	24- 8	マリー、ジー、ウェイト	幼稚園は初年教育に対して如何に準備するか
24	27- 4	木下一雄	幼稚園と尋常一年との連絡について
25	27- 5	木下一雄	幼稚園と尋常一年との連絡について（二）
26	27- 5	山内俊次	幼稚園生活と最初の学校生活
27	27- 5	堀七蔵	私の視察したる欧米の幼稚園教育
28	27- 6	木下一雄	幼稚園と尋常一年との連絡について（三）
29	27- 6	堀七蔵	私の視察した欧米の幼稚園教育（二）
30	27- 7	堀七蔵	私の視察した欧米の幼稚園教育（三）
31	27- 8	堀七蔵	私の視察した欧米の幼稚園教育（四）
32	27- 9	堀七蔵	私の視察した欧米の幼稚園教育（五）
33	27-10	堀七蔵	私の視察した欧米の幼稚園教育（六）
34	27-11	堀七蔵	私の視察した欧米の幼稚園教育（七）
35	28- 1	堀七蔵	私が視察した欧米の幼稚園教育（八）
36	28- 2	堀七蔵	私が視察した欧米の幼稚園教育（九）
37	28- 4	堀七蔵	私が視察した欧米の幼稚園教育
38	28- 5	堀七蔵	私の視察したる欧米の幼稚園教育
39	28- 6	堀七蔵	私の視察した欧米の幼稚園教育（北欧旅行）

40	28- 7	堀七蔵	私の視察したる欧米の幼稚園教育（フランス）
41	28-8/9	堀七蔵	私の視たる米国の幼稚園教育
42	28-10	堀七蔵	私の視察したる米国の幼稚園教育（二）
43	28-11	堀七蔵	私の視察したる米国の幼稚園教育（三）
44	28-12	堀七蔵	私の視察したる米国の幼稚園教育（四）
45	29- 2	堀七蔵	私の視察したる米国の幼稚園教育（五）
46	29- 3	堀七蔵	私の視察したる米国の幼稚園教育（承前）
47	29- 4	堀七蔵	私が視察したる米国の幼稚園教育（承前）
48	29- 5	堀七蔵	私の視たる米国の幼稚園教育（ボストン）
49	29- 6	堀七蔵	私の視察した米国の幼稚園教育（承前）
50	29- 7	堀七蔵	私の視察した米国の幼稚園教育（シカゴの巻）
51	29- 8	堀七蔵	私の視察したる米国の幼稚園教育（シカゴの巻）
52	29- 9	堀七蔵	私の視察したる米国の幼稚園教育
53	29-10	堀七蔵	私の視察したる米国の幼稚園教育

1920年代になると、そうしたカリキュラムがアメリカの国内外に広く発信されるようになった。

特徴の第三は、海外、とくにアメリカにおいて幼小連携を実践していた学校の様子など、実践的な情報が多いことである。海外の教育情報が記事として掲載される場合、一般的にはアメリカやヨーロッパの書籍や雑誌などの文字情報を翻訳したものが多い。表4-1の記事も、アメリカ連邦教育局が刊行した報告書や全米教育協会の年次報告などの出版物、民間の教育雑誌『幼稚園と第一学年』（The Kindergarten and First Grade）などを情報源としたものが多く、それらの記事は「どうやって幼小の連携をはかるか」という実践的な課題に応えることを目的として、具体的な実践例を紹介したり、IKUや連邦教育局などによって作成された標準カリキュラムを紹介したものだった。

さらに、『幼児の教育』誌には、同誌の編集者だった倉橋惣三と堀七蔵の「欧米視察」の情報が頻繁に掲載されている。倉橋も堀も、文部省から幼稚園教育視察研究の特命を受けて留学し、訪問した先々で、幼稚園が小学校に併設されてともに運営されていることを見ている。幼稚園と小学校の併設という事実に対する彼らの驚きと賞賛は、彼らの著した記事によくあらわれている。以下、表4-1の記事の分析から、当時の幼稚園関係者が注目していたとみられる、①シカゴ大学の実験学校、②コロンビア大学ティーチャーズ・カレッジの実験学校、③その他の幼稚園・小学校の幼小連携の実践、について、それぞれの実

践が日本にどのように伝えられたのかを明らかにしていこう。

4　日本への幼小連携の伝達

連続的な活動の用意

　シカゴ大学の実験学校における幼小連携についての具体的な情報を初めて伝えたのは表4-1中の記事6と7である。この二つの記事は、1919（大正8）～22年にかけて文部省在外研究員としてアメリカ・ヨーロッパに留学していた倉橋惣三が送った『エレメンタリー・スクール・ジャーナル』（*Elementary School Journal*）の記事を翻訳したものであるが、訳者は「艶子」となっている。原典は、シカゴ大学教育学部准教授のテンプルによる「幼稚園－小学校低学年というまとまり――第一部」（"The Kindergarten-Primary Unit: Part 1"）である（Temple 1920: 498-509）。

　記事6では、原典の前半部が忠実に翻訳されており、教育学部における教員養成の組織とカリキュラムについて紹介されている。シカゴ大学では、当時の幼稚園と小学校に要求されるようになった教育内容の変化（すなわち幼稚園には小学校の準備教育として読み方や書き方の教育を導入すること、小学校には唱歌や手工、談話、遊戯などを加えること）によって教員養成のカリキュラムを改革する必要が生じてきたため、7年ほど前に幼稚園及び小学校1・2年生の教員養成コースと小学校3年生以上の教員養成コースに改組していた。記事では、修業年限2年のカリキュラムが詳しく紹介されており、その他に修業年限4年の学士課程と視学官養成課程についても言及されている。

　記事7では、原典の後半部であるシカゴ大学実験小学校の状況が紹介されている。幼稚園と小学校1・2年生の学習環境が変化しないよう、両者の施設・設備はもとより、教師も変わらないよう配慮されているという。とくに、この時期の子どもにとって連続的な学習活動がその発達を大きく促すという心理学的な研究成果にもとづき、同校では両者のカリキュラムの統一的編成がもっとも効果的であると考えられ、子どもたちの好む遊びによって「地域社会の生活（コミュニティ・ライフ）」を構成したり模倣したりする活動が組織されている。その事例として「ままごと遊び」に始まった遊びを発展させて「八百屋遊び」

第 4 章　幼小連携とプロジェクト活動　　107

へ、「商店街作り」へ、さらに「街作り」へと子どもの興味と活動を拡大し、「劇化」や「構成作業」による「社会生活」の疑似体験を行う活動が示され、そこにおける教師の力量の重要性が強調されている。テンプルは、このような「自由遊戯と自由作業」を通した社会的経験を幼稚園と小学校低学年において繰り返し保証するために、教師はどのような環境を整備し、具体的な支援を行うべきかを、自らの子ども観察により教師自身が研究する必要がある、と説いている。

統合カリキュラムの提案

　記事 24、25、28 を著した東京府女子師範学校附属小学校の主事木下一雄も、シカゴ大学の実験学校の「幼小統合教授論」を紹介している。記事中に原典についての記述はないが、これらはすべてパーカーとテンプルによる『統合された幼稚園と第一学年の教授』(Parker/Temple 1925) の一部を翻訳したものである。記事 24 は、同書の第 2 章「統合された幼稚園と第一学年教育の歴史」の途中までを抄訳して、アメリカにおける幼小連携の歴史を概説している。そのなかで木下は、シカゴのデューイ・スクールが第一学年の教育に幼稚園の教育原理を採用していると述べている。記事 25 は、同書の第 3 章「統合プログラムにおける社会的・心理的目標」の抄訳であり、記事 28 は、同書の第 4 章「カリキュラム内容の精選」の抄訳である。記事 28 では、幼小連携カリキュラムの編成原理を説明し、幼小連携の教育内容を、①「生活に必須なる事項」、②「発展的事項」、③「社会生活の事項」、④「身体の発達に関する事項」、⑤「道徳生活、性情陶冶に関する事項」の五つの領域に分類し、教材の選択原理を、第一に「社会的要求」に一致すること、第二に幼児の心身の発達程度に応ずること、第三に典型的価値を選択すること、としている。

　1926 年 4 月から 1927 年 3 月まで文部省在外研究員として幼稚園及び小学校低学年教育を視察した東京女子高等師範学校附属幼稚園主事だった堀七蔵は、さらに詳しい実践情報を記事にしている。在外研究期間の多くをヨーロッパ各国の幼稚園視察に費やした堀が、アメリカ大陸に上陸したのは 1927 年の 1 月だった（堀 1974: 130-149）[6]。実質 3 ヶ月弱のアメリカ滞在だったが、堀は努めて精力的に多くの幼稚園を視察している。同年 2 月にシカゴ大学の実験学校

を訪れた堀は、記事51において、壁際一面に積み木による作品が雑然と並んでいる保育室の様子に驚いている[7]。そして、同校がパーカーの「幼小統合教育」の考えによって「統合カリキュラム」を開発していることを紹介する。同校の「統合カリキュラム」の目的や編成原理、実践の事例については、先述の『統合された幼稚園と第一学年の教授』の一部、とくに第4章「カリキュラム内容の精選」と、第9章「社会的生活（Social Life）を理解する」の一部が使われている。堀は、シカゴ大学の附属幼稚園が、小学校第一学年と融合していわゆる低学年教育の一部として運営されているのを見て、日本の義務教育を幼稚園を含めて1年延長することを提案している。

状態把握のための「習慣目録」

ティーチャーズ・カレッジの実験学校ホレースマン・スクールの幼小連携カリキュラムについての情報は、シカゴ大学の実験学校に比して少ない。1915年以降、ホレースマン・スクールの幼稚園においては、キルパトリックとヒルを中心にして、子どもに「目的ある活動」をさせることによって社会的価値のある「習慣」（habits）を形成するという新しいカリキュラムが開発されていた。この時期、ホレースマン・スクールの小学校においては、1918年から通知票に「善良な市民として望ましい習慣と態度」の形成状態を記載するために、たとえば「困っている友だちを実際に助ける」といった「習慣や態度」の形成状態を把握する方法が開発された。それが「アプトン—チャッセル尺度」（Upton-Chassell Scale）という分析尺度である（Upton/Chassell 1919；橋本 2007）。ソーンダイク門下のロジャーズ（Rogers, Agnes Low 1884-1943）は、この分析尺度を幼稚園に援用し、子どもたち一人ひとりの「社会的価値」の「習慣」の形成状態を把握するための「習慣目録」を作成した（未公刊）。

---

6) 堀の自伝（1974）には視察の詳しい日程が記されている。なお、堀はこの「欧米視察」の報告記事に若干の加筆修正を施して『欧米の幼稚園及低学年教育の実際』（堀 1930）を出版した。
7) 倉橋も同様の様子に驚いている。倉橋が訪れたときには、シカゴ市街を作るというプロジェクトが行われており、作られた停車場や人形の家、町の模型などが「廊下の一端に一段高い床の間の様なものを設けて、此処に並べてをき、そこに小さい町を営ませるという風にして」あったという（記事8、『幼児の教育』22-10/11、1922: 336-337）。

図 4-2 堀七蔵がアメリカから持ち帰った写真
コロンビア大学ティーチャーズ・カレッジの実験学校第一学年の作業学習の様子。大きな部屋で街並みの模型を制作中（1925年ごろ）。
出典：堀七蔵『欧米の幼稚園及低学年教育の実際』三元堂書店、1930年、第31図。

ロジャーズはまた、『コンダクト・カリキュラム』作成を支援するために、この幼稚園用の「習慣目録」を改良し、幼稚園・第一学年の子どもたちに共通する「習慣目録」を作成した（Rogers 1922）[8]。つまり、ヒルの『コンダクト・カリキュラム』は、ソーンダイクの行動理論を援用して、子どもたち一人ひとりの行動をより望ましいものへと変化させる援助のための実践的手引きだった。したがって『コンダクト・カリキュラム』は、のちに理解されているような、子どもに内在化させるべき「徳目規範」の一覧などではなかった。それはあくまで、子どもたち一人ひとりの状態を可能なかぎり精確に把握するために作られた、分節化の枠組みだったのである。

看過された応答の方途

しかし、1920年代の『幼児の教育』は、望ましい「習慣形成」のためのカリキュラム開発を支えていたロジャーズやヒルの個別的評価という考え方について、まったく伝えていない。1919〜22年にヨーロッパ・アメリカを視察し

---

[8] ホレースマン・スクールにおける「習慣目録」の作成にかかわる実験の詳細は、杉浦（2000: 631-651）が明らかにしている。

た倉橋も、1926～27年に同じくヨーロッパ・アメリカを視察した堀も、たしかにコロンビア大学のホレースマン・スクールの幼稚園の様子を伝えているが、『コンダクト・カリキュラム』がもともと小学校における評価尺度研究の成果であり、それが幼小連携のカリキュラムのために改訂されたものであるということには、まったく言及していない。いわば、子どもの活動に可能なかぎり適切に応答するための方途が看過されているのである。

　堀が、ホレースマン・スクールの幼稚園について伝えていることは、その施設・設備の充実ぶりと、日課として綿密に計画された幼児の活動の様子である。たとえば、保育室にはとても広い一室が充てられていて、手工台、アクアリウム、食事の場所、本棚、読書机、砂箱などそれぞれ活動別のコーナーが設けられているほか、ジャングルジムやメリーゴーランドなどの遊具のある広場があることである。堀は、「保育室であり遊戯室であり一切の幼稚園作業をなすように出来ていること」と「三組の幼児が一室で保育せられること」が日本の幼稚園と大きく異なる、と述べている（記事43、『幼児の教育』28（11）、1928: 12-13）。堀はまた、幼児に木工などの構成的作業を課して、保姆[9]が手を貸さずに幼児自身に計画させ、実行させている様子に「教育的価値」を認めている。2日間の参観の結果、堀は、同幼稚園には、ベルで始業を知らせるような「学校式のことは全くない」が、幼児の興味の赴くままの作業・遊戯と保姆の作った保育計画が矛盾なく調和している、と述べている。

プロジェクトの重要性

　倉橋は、ホレースマン・スクールについて、シカゴ大学の実験学校と比較しながら、報告している。シカゴ大学の実験学校を視察した倉橋は、日本とは逆に、小学校1・2年では、幼稚園に近い環境が用意され、子ども自身の活動を促進していると報告したが、「コロンビアの方はもっと徹底し」ていて、教師の配当も同一組織のもとで行われている、と指摘している（記事14、『幼児の教育』23（4）、1923: 137）。さらに、ホレースマン・スクールの小学校1年生のクラスを参観したときには、教室の様子はまったく幼稚園と同じで、子どもは個

9）　現代の「保母」ではなく、戦前の日本における幼稚園教員の名称である。

別に自由に自分の「作業」（プロジェクト活動）をしていて、一斉教授で教科書を教えるような授業はほとんどなかった、と述べている。

　倉橋は、幼稚園における「自由な態度」を小学校入学後に「受身の学習的態度」に変えさせる必要がないことが子どもにとって重要である、と述べるとともに、小学校において「幼稚園でやって居ると同じようなプロジェクトの生活」、「或は具体的の製作の生活が本体になって来れば」、「幼稚園と小学校との本当の連結」が実現する、と説いている（記事14、『幼児の教育』23（4）、1923: 139）。倉橋は、シカゴ大学の実験学校とコロンビア大学のホレースマン・スクールに共通に見られる教育内容の統一的構成こそが幼小連携の本質であり、それを可能にする構成原理が「プロジェクト活動」であるととらえていた。すなわち「一つの目的を立てて其目的に向って問題を解決して行く」という経験（記事14、『幼児の教育』23（4）、1923: 137）、このプロジェクト活動的な経験を幼稚園と同じように小学校でも行うべきだ、と考えていた。

その他の幼稚園と小学校の幼小連携

　シカゴ大学とコロンビア大学は当時、アメリカを代表する二大教育大学として日本に紹介されていたが、次にこれらの大学以外で行われた幼小連携の取り組みを伝えた堀の報告をみておこう。

　先にふれたように、8ヶ月におよぶヨーロッパ視察を終えてアメリカのニューヨークに上陸した堀は、2ヶ月以上かけて東海岸から西海岸へと移動しながら、行く先々でさまざまな教育施設を見学した（堀 1974: 143-149）。堀は、とりわけアメリカの公立小学校にはかならず2組から4組の幼稚園が附設されていることに驚き、1920年の時点で5～6歳児が公立の幼稚園に入園している割合は41パーセントであることを紹介して、幼稚園はアメリカにおいてもっとも普及している、と報告している（記事43、『幼児の教育』28（11）、1928: 7）。堀は、『幼児の教育』誌上に、多くの幼稚園と小学校低学年を見学した記録と感想を載せているが、堀が幼小連携の取り組みについてとくに言及した学校は、シカゴ大学とコロンビア大学の実験学校以外、以下の五校である。

　第一に、ニューヨーク市にある「シティ・アンド・カントリー・スクール」(The City and Country School）である（記事44）。同校は3歳から14、15歳

の子どもを対象とした「教育実験所」であって、1年のうち8ヶ月は市外の森林や牧場で過ごし、2ヶ月を市内の学校で過ごしている。7歳未満のクラスは1学級12人以下、7歳以上のクラスでも1学級15人以下という少人数で構成されており、教室は幼稚園と小学校が一緒になった普通家屋である。幼稚園では、主として幼児の「自由な共同作業」を教師が熱心に観察している。一切は幼児のなすがままであり、教師は干渉しないという。この学校の課程は、「遊戯」から発達段階に応じて順次「実際的活動」へ変わっていき、7・8歳になると印刷室や理科室で実験や製作を行うなど「大人の実際生活と同じような児童の実際生活」をしているという。そして、この学校の目的は「3歳からの幼児に適する課程を研究」することにあり、堀は「誠に面白い学校」（記事44、『幼児の教育』28（12）、1928: 16-17）と評している。

第二に、ニューヨーク州立師範大学（The New York State College for Teachers）の「練習学校」（Training School）である（記事45）。同校には師範大学の学生が実地授業の練習をするための小学校と幼稚園があり、二つの保育室は小学校に「織り込まれ」ていて、両者を融合した「所謂低学年教育」が行われている。特徴的なのは、身体の発育を促進させるための遊びとしてリズミカルな活動や、ゲームを使ってアルファベットを覚えさせる活動が取り入れられたり、教師が教え込むのではなく、子どもの自然な心身の発育を助長するような「活動中心の努力」がみられたことである。

第三に、ワシントン市の「トムソン・スクール」（Thomson School）である。同校の1年生の授業を参観した堀は、1クラス25人の少人数で、児童がおのおの「自由学習」をしている様子を報告している（記事47）。児童一人ひとりの能力に応じた個別学習を行っている教室は、まったく幼稚園と同じで「活動中心」だった。すなわち、そこは「学習室であり作業室であり、また遊戯室であり、いろいろの学校生活をこの一室で営む」ことができ、「全く幼稚園式に小学校の低学年教育を施すもの」（記事47、『幼児の教育』29（4）、1929: 15）である、と述べている。

第四に、堀は、イリノイ州立大学の「練習学校」に付帯する幼稚園では、観察と算術とをあわせた合科型の授業を見学している（記事50）。その授業では、「小学校教育と連絡［＝連携］」を意図しつつ「事物の観念を明確に得させるこ

と、観念につき成るべく発表させること、数えること」などの基礎的能力が重視され、それらの能力を幼稚園時代から幼児の生活のなかで無理なく習得させることがめざされていると、堀は述べている（記事50、『幼児の教育』29（7）、1929: 8-9）。

最後に、サンフランシスコ州立師範学校の「練習学校」の報告を見よう（記事53）。同師範学校の校長だったバーク（Burk, Frederic Lister 1862-1924）は「個別学習」の主導者であり、ウィネトカプランを考案したウォッシュバーン（Washburne, Carlton 1889-1968）の師である。堀は、進度表を用いて「個別学習」と「共同作業」を組み合わせた学習を進める同校の「個別学習案」が適用されるのが小学校2年生以上である、と説明している。幼稚園と第一学年とは子どもの「生活そのもの」が教育であるため、組織化された学習を行う発達段階になく、幼稚園と第一学年でも子どもが自由に遊び、作業することに「教育的作用」があり、全体を通して同校の教育形態は「個別学習」になっている、と述べている。

5　教育情報の伝達とその困難

幼小連携情報の伝達

以上に見てきたように、1910年代から20年代のアメリカにおいては、「児童研究」を一つの契機としつつも、デューイ、キルパトリックの主導する進歩主義的教育論を唱導した改革派の教育者の主張にもとづいて、幼稚園が公教育システムのなかに組み込まれ、幼稚園では小学校と連携した「活動」中心のカリキュラムが開発された。幼稚園と小学校低学年は、子どもの発達の連続性を踏まえつつ、「活動」（つまりプロジェクト活動）を核とした学びの「まとまり」と考えられるようになった。

そして、こうしたアメリカにおける幼小連携カリキュラムの開発と実践にかんする情報は、たしかにその当時の日本の幼稚園教育界に伝えられていた。確認するなら、従来、アメリカの進歩主義教育の影響を受けた倉橋惣三の「誘導保育」の全盛期は1930年以降であるといわれてきたが（津守 1979: 8-9）、これまで見てきたように、それに先立ってすでに1920年代にはアメリカの進歩

主義教育は幼稚園、幼小連携にかんする情報として、日本に伝わっていた。アメリカにおける幼稚園の普及を目の当たりにした視察者たちは、それが小学校と連携していること、すなわち小学校低学年との教育とセットでとらえられていることに驚いていた。そして、そのとらえ方の中心に「社会的生活」という概念があったことを確認している。たとえば、倉橋惣三は、アメリカにおいて幼稚園教育が重視され、それが公教育制度のなかに位置づけられている背景には、デューイが「教育をして社会生活［＝社会的生活］に直接連絡あらしめるという事は、幼稚園より大学に到る迄、即ち、すべての教育の共通基本原理なる事」を認めたことがあり、またその弟子のキルパトリックとヒルがその「社会的教育主義を幼稚園に実現」させたことがある、と述べている（記事8,『幼児の教育』22-10/11、1922：340）。倉橋は、デューイの「社会［的］生活」という概念によって、アメリカの幼稚園教育が、日本のような「教育界の一孤島」のようではなく「大学中学及小学校と一貫したる連絡を保って」いると認識していた（記事8,『幼児の教育』22-10/11、1922：340）。

伝わらない「社会的生活」の思想

　ここで考えたいことは、1920年代から30年代にかけて日本に幼小連携の情報が伝えられたにもかかわらず、幼小連携が制度として実現されなかった、その理由である。1920年代から30年代にかけて日本の幼稚園関係者たちは、たしかに小学校教育と幼稚園教育との連携という事実を認識したが、幼稚園の側から積極的に小学校カリキュラムの改革を迫ることができなかった（遠座・橋本（2011）参照）。これはいわば、日本の教育情況がまだそのような改革を可能にする段階にいたっていなかったからだろう。すなわち、当時の日本の幼児教育界にとって喫緊の課題だったのは、幼稚園教育の有用性を示して幼稚園の必要性を明らかにすることであり、まずは幼稚園の数的な普及をはかることだったからだろう。

　また、こうした幼小連携の情報だけでは、幼小連携の必要性が充分に理解されなかったからだろう。というのも、教育を「社会的生活」の形成過程と位置づけるデューイのプロジェクト活動論の意味が理解されなければ、プロジェクト活動の重要性は理解できないし、プロジェクト活動の重要性が理解できなけ

れば、幼稚園の活動中心の教育を小学校に導入する積極的理由が理解されないからである。なぜプロジェクト活動が重要なのか、それがどのような意味で「社会的生活」の形成につながるのか、その理由が理解されないかぎり、幼小連携の必要性は充分に理解されないだろう。

　すくなくとも、デューイが「社会的生活」という概念に込めていた「生（生活）」の含意、すなわち生の共鳴連関という世界についての存在論的思考は、この時代の日本の教育界に伝わっていなかったのだろう。しかし、第一次世界大戦後の政情不安と社会不安のなか、大正期から昭和期にかけて生（生活）にかんする思想は、日本でもいくつも立ち現れていた。次章にとりあげる野村芳兵衛は、この時期に、教育論としてもっとも濃密に「生（生活）」を語った人物である。

（橋本美保）

〈引用・参考文献〉
阿部真美子・別府愛ほか　1988　『アメリカの幼稚園運動』明治図書出版。
遠座知恵・橋本美保　2011　「近代日本における進歩主義幼小連携カリキュラムの受容——三校の女子師範学校の研究態勢を中心に」『東京学芸大学紀要（総合教育科学系）』62（1）：7-17。
坂田嘉郎　1973　「アメリカ幼稚園運動におけるプログレッシブ幼児教育論——P. S. ヒルを中心にして」『聖和女子大学論集』3：35-51。
菅野文彦　1988　「進歩主義幼児教育論の胎動」阿部真美子・別府愛ほか『アメリカの幼稚園運動』明治図書出版。
杉浦英樹　2000　「プロジェクト法の源流（2）——コロンビア大学附属ホーレスマン校と『コンダクトカリキュラム』」『上越教育大学研究紀要』19（2）：631-651。
滝沢和彦　1986　「『コンダクト・カリキュラム』における「習慣形成」——「社会的適応」としての道徳教育」『教育と教育思想』7：14-22。
津守真　1979　「解題」『復刻・幼児の教育』別巻　名著刊行会。
橋川喜美代　2003　『保育形態論の変遷』春風社。
橋本美保　2007　「及川平治のアメリカ教育視察と教育測定法研究」『東京学芸大学紀要（総合教育科学系）』58：45-55。
万国幼稚園協会案　1924　（日本幼稚園協会訳）『幼稚園保育要目』教文書院。
堀七蔵　1930　『欧米の幼稚園及低学年教育の実際』三元堂書店。
堀七蔵　1974　『教員生活七十年』自費出版。
湯川嘉津美　2008　「フレーベル会の結成と初期の活動——演説、保育方法研究と幼稚園制度の調査・建議の検討から」『上智大学教育学論集』42：21-43。

Dewey, John 1996 *The Collected Works of John Dewey, 1882-1953: The Electronic Edition*, edited by Larry A. Hickman. Charlottesville, Virginia: InteLex Corporation.

　SS=The School and Society (1st edn. 1899/rev. edn. 1915 mw. 1)= 1998 デューイ（市村尚久訳）「学校と社会」『学校と社会　子どもとカリキュラム』講談社（学術文庫）。

　MPE=Moral Principles in Education (1909 mw. 4)

　DE=Democracy and Education (1916 mw. 9))= 1975 デューイ（松野安男訳）『民主主義と教育——教育哲学入門』（上・下）　岩波書店。

Hill, Patty S. 1923 *A Conduct Curriculum for the Kindergarten and First Grade*. New York: Charles Scribner's Sons.

International Kindergarten Union 1919 *The Kindergarten Curriculum*, U.S. Bureau of Education Bulletin, No. 16.

International Kindergarten Union 1922 *The Kindergarten-First-Grade Curriculum*, U.S. Bureau of Education Bulletin, No. 15.

Parker, Samuel C. 1919 *General Methods of Teaching in Elementary Schools: Including the Kindergarten and Grades I to VI. Boston*: Ginn & Company.

Parker, Samuel C. and Temple, Alice 1925 *Unified Kindergarten and First-Grade Teaching*, Boston, MA: Ginn & Company.

Rogers, Agnes L. 1922 "A Tentative Inventory of the Habits: To be Formed by Kindergarten and First-Grade Children," *Teachers College Bulletin*, 14th Series, 4: 5-20.

Temple, Alice 1920 "The Kindergarten-Primary Unit—Part 1," *Elementary School Journal*, 20 (7): 498-509.

Upton, Siegrid M. and Chassell, Clara F. 1919 "A Scale for Measuring the Importance of Habits of Good Citzenship," *Teachers College Record* 20 (1): 36-65.

Vandewalker, Nina C. 1971 *The Kindergarten in American Education*. New York: Arno Press. = 1987 バンデウォーカー（中谷彪監訳）『アメリカ幼稚園発達史』教育開発研究所。

第5章 「協働自治」に向かうカリキュラム
――野村芳兵衛の生活教育論

〈概要〉「基礎・基本」のカリキュラムは、その時代・社会の教育目的に大きく規定される。そしてそのカリキュラムの内容が「生きる力」となるためには、その内容が「活用」されなければならない。しかし、知識技能の活用すなわち有用性を強調しすぎると、目的（問題）の正当性（妥当性）への問いが見失われかねない。及川平治の生活単位論や野村芳兵衛の生活教育論に見いだされるように、大正新教育において導入されたプロジェクト活動は、まさに知識技能の活用を重視していた。たとえば、野村の「協働自治」の実現をめざす生活教育論は、とくに「作業学習」を重視し、知識技能の活用を志向していた。しかし、野村の生活教育論は、たんに知識技能の活用を志向するにとどまらず、目的として「本当な生活」を志向していた。それは、事前に表象化（命題化・言明化）しえない営みであり、諦念的な反動（伝統への回帰）に陥ることなく、よりよい生活を不断に敢然と探究する生活だった。その考え方は、キリスト教の「完全性論」に類似している。

1　有用性とカリキュラム

「基礎・基本」をめぐる問い

　カリキュラムは、教育目的を具現化するための営みである。したがって、教育目的が変われば、カリキュラムの内容も変わる。そして、教育目的は、時代と社会によって変わる。したがって近年、日本で提起された「基礎・基本」のカリキュラムの中身（具体的な内容）も、「基礎・基本」といわれながらも、現代の日本社会という枠に規定されたもので、普遍的なものではない。

　また、「基礎・基本」のカリキュラムが子どもたちが生きるうえで真に役に立つものであるためには、つまるところ「生きる力」となる「基礎・基本」で

あるためには、記憶されるだけの知識技能にとどまることができない。「生きる力」となる「基礎・基本」は、活用される知識技能でなければならない。いいかえれば「生きる力」となる「基礎・基本」の知識技能は、たんなる机上の知識技能ではなく、特定の時代・社会において具体的に問題を解決する有用な知識技能でなければならない。

　「基礎・基本」のカリキュラムが時代・社会に規定されること、またそれが具体的な問題解決につながる有用な知識技能でなければならないこと、この二点を確認するために、これまでカリキュラムの「基礎・基本」と見なされてきたものを簡単に確認しておこう。

3R'sを要請する近代教育

　ふりかえってみるなら、ヨーロッパのカリキュラムの歴史において「基礎・基本」といえば、いわゆる「3R's」（スリーアールズ）（「読むこと」（reading)・「書くこと」（writing)・「計算すること」（arithmetic）の総称）であり、人間が日常生活を営んでいくうえで欠かすことのできない基本的な知識技能、教育内容のミニマム・エッセンスと考えられてきたが、古くに重視されたものは「読むこと」である。中世ヨーロッパにおいては、教会が書物を専有しており、「読むこと」は教会と結びついていたからである。「読むこと」の教育は、もっぱら修道院に付設された学校で行われ、その対象は長い間、聖職者に限定されていた。近代に起こったルネサンス、宗教改革、印刷術の発明がこうした教会の権威から文字を解放し、やがて文字文化は大衆に広まった。

　しかし、18世紀になっても、「書くこと」と「計算すること」は、多くの庶民には必要でなかったため、民衆学校ではあまり教えられていなかった。この時代においては「書くこと」「計算すること」は、貨幣を媒介とした取引を行う商人や、聖職者や大学人などに求められる能力にとどまっていた。

　ヨーロッパにおいて、3R'sが普遍的知識として要求されるようになったのは、18世紀後期に登場する啓蒙思想においてであり、実際にそれらが学校のカリキュラムに位置づけられたのは19世紀である。その主要な契機は近代的工場制度の成立である。19世紀前半に始まった産業革命によってもたらされた近代的工場制度は、労働者に記録の保持や経理など、迅速に読み・書き・計

算することを求めるようになった。このような社会や生活様式の変化が、話し言葉中心の社会に3R'sの普及をうながし、3R'sを中心とした教育内容を教える学校制度を確立させることとなった。そして19世紀後半になると、市場革命の拡大や国民国家の成立によって、ヨーロッパの多くの地域で義務制の近代学校教育制度が出現するにいたった（安川 2000: 451-453）。

　私たちは、3R'sがヨーロッパにおいてはるか昔に民衆教育の「基礎・基本」として確立し、現代にいたるまで学校教育の「基礎・基本」でありつづけた、と考えがちである。しかしながら、上述のように、ヨーロッパで3R'sが民衆教育の教育内容の中核となった時期は近代であり、それは近代学校の普及によって広まったものだった。

江戸時代の「読み・書き」要求

　これに対し、日本では、近代以前から「読み・書き・そろばん」の学習が庶民教育の中核となっていた。日本でこれらが「基礎・基本」と考えられ普及した理由の一つは、江戸時代における庶民の主要な教育機関であった寺子屋の教育形態と分かちがたい。というのも寺子屋では、教科が未分化だったために、すべての学習がいわば「総合科」的に行われていたからである。たとえば「読み・書き」の技能を身につけるための教材は、地理・歴史・養生・道徳・経済・礼儀など、さまざまな内容が盛り込まれた「往来物」と呼ばれたテキストであった。その種類は、現在確認されているだけでも7,000種類以上にのぼる（石川 1978: 214）。たしかに、寺子屋では習字をカリキュラムの中心にすえていたが、「読み」と「書き」を分離しないで、子どもたちに文字や知識を複数の感覚経験を通じて記憶させようとした。また、寺子屋では、「読み」と「書き」が、師匠や兄弟子らとの人間関係のなかで生活全般にわたるしつけ（道徳教育）の一環としても、教えられていた。

　こうした「総合科」的な学びの場であった寺子屋は、19世紀に入って急速に普及していった。精確な数は定かではないが、1850年までに6,000以上が、1870年ころには10,000以上が開業していたとされ、実際には幕末期にはその5倍はあったともいわれている（梅村 2002: 15-16）。すくなくとも江戸時代後期には、都市でも村落でも、子どもが歩いて通える手近なところに寺子屋はあ

った。このことは、就学が制度でも義務でもない当時にあって、いかに多くの庶民が「読み・書き」の学習要求をもっていたのか、その大きさを暗示している。端的にいえば、江戸時代に多くの人が文字を学ぶようになったのは、当時の社会が文字を（徐々に計算をも）知らなければ損をする社会になったからである。人びとに必要な情報が文字というメディアによってもたらされるようになったからである。

有用性（活用できること）

このような江戸時代の状況は、メディア・リテラシーが必要とされる現在の状況に似ている。現在では、インターネットを通じて莫大な情報が提供されており、必要な情報をいかに早く入手するかがあらゆる分野において重視されている。人びとは少しでも有益な情報を得るためにコンピュータに向かうが、必要な情報は人によって異なっている。ビジネスマン、政治家、学者、学生、主婦など、さまざまな立場にある人は、それぞれに異なる情報を求めている。にもかかわらず、人びとは「コンピュータを使えるようになりたい」という共通の学習要求をもっているし、情報を扱うルールやモラル、情報を選択する能力の獲得を求めている。文字の「読み・書き」が江戸時代の「基礎・基本」だったとすれば、メディア・リテラシーは現代の「基礎・基本」の一つだろう。

現在の教育改革で育成がめざされている「生きる力」は、今後の変化の激しい社会のなかで必要となる資質であるとされ、現在の日本社会が必要とする知識技能であるとはかぎらない。「生きる力」は、社会の変化に主体的に対応できる資質や能力のことであり、それは本質的にどのような時代においても変わらないだろう。3R'sであろうが、コンピュータ・リテラシーであろうが、使いこなせなければ、意味はない。知識技能を実際に使いこなせることこそが「基礎・基本」にほかならない。その意味で「生きる力」は、知識技能の「活用」（「応用」）と密接に結びついている。実際に知識技能が使えること、実際に問題を解決できること、こうした有用性が「生きる力」の本態である。

有用性志向の教育の背理

しかし、知識技能の活用という有用性を強調することは、二つの問題をはら

んでいる。一つは、「知識技能が活用される目的（問題）」への問いを矮小化するという問題である。いいかえれば、知識技能の活用という有用性は、「どのような目的に役立つのか」という目的の正当性への問いを忘れさせる力、「何が問われるべきなのか」という問題の妥当性への問いを忘れさせる力をもっている。目的手段図式のなかで、目的を達成する方法、問題を解決する方法だけを懸命に求めていると、目的の正当性、問題の妥当性を問うことが疎かになる。また、有用性の強調は、有用ではない者、役に立たない者を無視し軽侮し憐れむという習性を生みだす。「かわいそう」という言葉の無慈悲さに鈍感になり、愛も交換価値的なものと考えるようになる。すなわち、自分の利益にならない愛は適当にあしらい、自分の利益になる愛だけを求めるようになる。有用性の肥大は愛の交換価値化を拡大し、愛の交換価値化は愛の消耗品化を拡大する。こうした目的（問題）の正当性（妥当性）の看過、愛の消耗品化は、成果主義・メリットクラシーといった有用性に疲弊している現代社会が、私たちに突きつけている現実である。終章であらためてふれるが、現代社会は有用性志向の背理に膿んでいるといえるであろう。

　本書の主題であるプロジェクト活動についても、それが有用性に傾斜すれば、目的（問題）の正当性（妥当性）が問われなくなるであろう。それは、プロジェクト活動がどんな目的にでも供与されるたんなる手段・方法に還元されることを意味している。もしもそうなれば、それは、教育をつなぎとめる碇を失うことであり、教育という未来を創る営みにとって重大な問題である。しかし、日本の教育論はカリキュラムを論じつつも、つねに教育の目的を吟味してきたことも事実である。たとえば、さきにとりあげた及川平治の動的教育論がそうであり、ここでとりあげる野村芳兵衛の生活教育もそうである。

　以下、日本の大正昭和期において「知識技能が活用される目的（問題）」の正当性（妥当性）を問いつづけるとともに、愛を説くことで、カリキュラムの在り方を真摯に考え続けた野村芳兵衛の生活教育論をとりあげよう。野村の生活教育論はまた「作業学習」という名のプロジェクト活動をふくむカリキュラム論でもある。彼の教育論は、デューイやキルパトリックの思想がそうであったように、「生（生活）」にかんする思想でもあった。まずは、野村のカリキュラム論の前提であるヘルバルト主義の有用性を志向したカリキュラム論を確認

し、その後に野村の生活教育論の中身を整理しよう。

2　有用性を志向する生活教育論

ヘルバルト主義教育学

　近代日本の教育学の歴史をさかのぼるなら、知識技能の活用を意図したカリキュラムを作り出したのは、ツィラー（Ziller, Tuiskon）とライン（Rein, Wilhelm）などが展開したヘルバルト主義教育学だった。ヘルバルト（Herbart, Johann Friedrich 1776-1841）は、学習のプロセスが「明瞭→連合→系統→方法」という段階を経て進むと考えたが、彼の後継者であるヘルバルト主義者たちは、この四段階学習に対応した教授プロセスとして「五段階教授法」を考案した。それは、ツィラーの場合「分析→総合→連合→系統→方法」というプロセスにより、子どもが個別・具体的な事例から一般的・普遍的な原理を導きだし（帰納）、その学習成果を新たな事実・場面で応用する（演繹）ことをねらいとしていた。また、ラインは「予備→提示→比較→総括→応用」からなる五段階教授法を開発した。

　確認しておくなら、ツィラーらのヘルバルト主義教育学は、子どもの自発的な学びを無視した、たんなる伝達論的な教育方法を主張したのではなかった。ラインはともかく、すくなくともツィラーにおいては、教授とは、既成の概念や法則をただ子どもに覚えさせることではなく、子ども自身が研究者の立場に立って観察したり比較したりしながら試行を進めていくことであり、教師とは、さまざまに試行する子どものそばにいて子どもを誘導し支援する者であった。ツィラーは、ヘルバルトとともに、子どもたちが「明瞭」に始まり「方法」に至って完結する一つの学習ないし研究を次つぎに完結させながら、自分の「学習階梯」をあがっていく、と考えていたのである。

方法的単元の形骸化

　子どもたちの行う一まとまりの学習活動こそが学習・教授の単位であり、ヘルバルト主義教育学（ツィラー）がいう「方法的単元」（methodische Einheit）である。いいかえるなら、ヘルバルト主義教育学の「方法的単元」は、

教師があらかじめ設えた教授内容のまとまりではなく、子どもが活動内的に創りだす学習内容のまとまりである。このまとまりを創りだすものがヘルバルトのいう四段階の学習プロセスであり、このプロセスを構成しているものが帰納的学習と演繹的学習である。帰納的学習は知識を精確に得ることであり、演繹的学習はその知識を技能として活用することである。

　こうしたヘルバルト主義教育学の「方法的単元」は、明治時代の日本に紹介されたが、周知のように、「五段階教授法」とともに形式化されて普及していった。すなわち、「五段階教授法」がたんなる教育方法に還元されて広まっていったように、「方法的単元」もたんに教材の一区切りであり教科書の一課であるかのように誤解されて広まっていった。そして、こうした日本的なヘルバルト主義教育学は、1910年代から盛んになった「大正新教育」によって厳しく批判されることとなった。そして皮肉なことにも、大正新教育の主導者たちは、プロジェクト活動論などを引き合いに出しながら、子ども自身の行う一まとまりの学習活動の大切さを「単元」という言葉とともに説いたのである。しかし、そうした大正新教育のなかにあっても、以下にとりあげる野村芳兵衛の説いた生活教育論は、特異な教育目的を定めることで、ドイツのヘルバルト主義教育学を超える教育思想となっていた。

野村の生活教育論

　野村芳兵衛は、1924年に東京・池袋に創設された「児童の村小学校」（1936年廃校）で教師をつとめたのち、教育にかんする多くの著作を残した大正昭和期の教育思想家・実践家である。当初は、ヘルバルト主義教育学の形式性を退け、「自由」を重視していたが、しだいに「生活」を重視するようになっていった。野村は、1933年に出版した『生活学校と学習統制』において、学校は「生活」すなわち「協働自治」（意味は後述）の場であり、かつ「生活」すなわち「協働自治」を学校外へ拡大する拠点である、と述べている。そして学校が「生活」すなわち「協働自治」の場であるために、野村は、カリキュラムとして、四つの「学科」すなわち「読書・計算・観察・作業」、五つの「訓練」すなわち「公民・職業・保健・文化・社交」、二つの「学習材」すなわち「文化単位と生活単位」、そして二つの「学習法」すなわち「プロブレム・メソッド

図 5-1 校庭で模型作りに取り組む池袋児童の村小学校の子ども
木材を使って大きなビルディングの模型を製作している（1930年代前半）。
出典：浜田陽太郎・石川松太郎・寺﨑昌男編『近代日本教育の記録』下巻、日本放送出版協会、1978年、66頁。

及プロジェクト・メソッド」を設定している（野村 1974a: 序3）。

　本書の主題である最後の「学習法」についていえば、デューイやキルパトリックは、この二つを区別していないが、野村は、この二つをはっきり区別していた。野村は、「プロブレム・メソッド」を「問題法」とも表記し、「問題法と言うのは、教師が問題を提示しながら、子供達により深く問題を構成させ、又解決させて行く方法である」（野村 1974a: 131）と述べている。そして「プロジェクト・メソッド」を「構案法」とも表記し、「構案法と言うのは、計画活動を意味する。そこで子供達自身に計画させ、子供達自身に作業させ、子供達自身で仕上の喜びを味わせ、且つお互の成功や失敗を合評させて行く学習法である」と述べている（野村 1974a: 132）。

研究学習と作業学習

　野村においてプロブレム・メソッドがプロジェクト・メソッドから区別される点は、プロブレム・メソッドにおいては教師が問題を設定し、プロジェクト・メソッドにおいては子ども自身が作業を計画し実行する、という点だけで

ある。どちらのメソッドも、子どもの活発で真摯な活動を重視していることに変わりはなかった。ただし、プロブレム・メソッドとプロジェクト・メソッドの区別は、「学習材」(内容) とも連動していた。野村は、プロブレム・メソッドは「文化単位学習」の「研究学習」にふさわしく、プロジェクト・メソッドは「生活単位学習」の「作業学習」にふさわしい、と述べている。野村のいう「文化単位」とは、おもに「観念及び認識を中心とする」内容、つまり教師による解説があったほうが良い内容であり、「生活単位」とは、おもに「情緒及び実践を中心とする」内容、つまり子ども自身の経験につながっている内容である (野村 1974a: 39)。

「研究学習」は、「問題・研究・統整」の三段階からなっていた。すなわち、質問しあったり、本を読んだりして、「問題」をしっかり把握し、その問題を解決するために必要な仮説を立て、観察によって事態を「統整」する法則を把握し、その法則を「生活計画」に適用することである。「作業学習」は、「計画・作業・評価」の三段階からなっていた。すなわち、材料・目的・必要をはっきりさせ、「計画」を「新鮮且つ明快」に立て、「共同作業」を遂行するための「協働動作」を訓練し、場所・材料・道具に慣れ親しみ、具体的に作業を行い、その成果について、「社会的協働目的」つまり「協働文化建設の目的」にそって感想・批評を述べあうこと (「合評」) である (野村 1974a: 131-132)。

作業学習と協働

野村は「研究学習」よりも「作業学習」を重視していた。作業においてこそ、事物と思考が綿密に結びつくと考えたからである。野村は次のように述べている。「吾々の意欲は常に身体という物に発し、道具という物に発展する必然をもっている」。したがって「生活学習もまた常に作業を中心とし、作業を通して物と心とを結んで行く」。たとえば、人の声や楽器の音を「協働」させて、遊びや労働の「生活統制」(すなわち協働自治化) を達成する作業が「音楽」である。したがって「作業は学習法の中心となるべき方法であって、子供達は作業学習によって、本当に、人間の社会生活 [＝社会的生活] に必要な協働自治の訓練と、作業技術とを養って行かねばならぬ」。つまり、子どもたちは、みずから「頭の働き、手の働き、足の働き、全身の働きに協働自治の統制を」

与えなければならない、と（野村 1974a: 322）。

こうした作業によって学習されるものは、世界を秩序づけている「協働」という本態である。あらためて論じるが、さしあたり端的にいえば、野村のいう「協働」は、自他・事物の相互扶助・共鳴協力を意味していた。何者（物）も単独で存在していない、つねに助け合い、支えあい存在しているということである。生きることは、したがって協働することである。それは「恐慌の嵐」や「市場原理」などによって覆い隠されることはあっても、打ち砕かれるようなものではない。「協働」は存在の本態だからである。野村が「生活」を強調するのも、「生活」が本来的に「協働」の営みだからである。野村にとっては、「協働」的ではない「生活」を「生活」と呼ぶことはできなかった。

野村にとって、たとえば「家庭」は「愛」の場所であり、「生活」にふくまれている「協働」が寛容性（ゆるみ・ゆとり）として、つまり心からの安らぎの場所として、はっきりと現れている場所であった。1926年に野村は次のように述べている。

「僕にとって家庭は……安息所である。家庭のありがたみは気兼［ね］なく、お互に我儘の出来るところにある。友達のありがたみも、気兼［ね］なくお互に我儘の出来るところにある。家庭でも端然たる人々は偉い人ではあろうが、僕はその人に親しみを持つことが出来ない。……友人の前でも他人の前のように遠慮がちな人は嫌いだ」（野村 1926: 104-105）。

興味と必要の統合

野村は、「協働」に反する対立の図式を教育界から取り除こうとしていた。たとえば、大正新教育においては、社会が要求する「必要」と子どもが抱く「興味」とは本来的に対立する、と考えられてきたが、野村は、こうした対立の考え方を否定し、「必要」も「興味」も「協働自治」という原則によって「統制」されるべきであると論じている。そして、そうなれば「協働自治の環境的発展」が「必要」となり、「協働自治の個性的発展」が「興味」となると論じている。さらに、そのためになすべきことは「協働自治のために役立つ必要を重視する」ことであり、「そうでない必要は、出来るだけこれを協働自治

図 5-2　池袋児童の村小学校の昼食時間
教室内で、一つの大きな机を皆で囲み、お弁当を食べる。児童同士お茶を注ぎ合う（1934年）。
出典：民間教育史料研究会編『教育の世紀社の総合的研究』一光社、1984年、口絵。

的に改造して行く」ことであると述べている。また「協働自治のために役立つ興味を重視する」ことであり「そうでない興味は、出来るだけこれを協働自治的に改造して行く」ことである、と（野村 1974a: 97-98）。

野村は、たとえば、子どもたちの「競争への興味」も、それが「協働自治」に役立つなら助長し、それが「協働自治」を阻害するなら否定すればよい、と述べている。

「子供達に競争の興味があることは事実だ。吾々は、この子供達の競争心なるものを、決して無視したり抑圧したりしようとは考えない。然しながら、競争は子供の本能だからと言って、無方針に、これを放任しようとはしない。やはり其処に競争心の生活統制を考える。そして競争心の生活統制とは、言うまでもなく、競争心の協働自治的訓練に他ならない。つまり、より多く社会に役立たんとする競争の方へ競争心を導こうと訓練するのである」（野村 1974a: 98-99）。

学級全体の協働

　同じように、野村は、子どもたちの学習活動からも対立の図式を取り除こうとした。すなわち、子どもたちの学習は「学級全体の協働」によって行われるべきである、と説いた。そのために必要なことは、「学級の組織が……学級の子供達全体のために協働の利益のあるように」（野村 1974a: 310）構成されることだった。それは、たとえば、次のような子どもたち同士の相互扶助の状態である。

　「自分も知っていることを、どんどんお友達に教えてやるが、お友達も喜んで自分に教えて呉れる。自分が何かをよく知っていたら、学級の人はみなそれを喜んでくれる。つまり完全な友情が学級を支配していて、一人の子供の勝手が許されたり、一人の子供が大将になって、他の子供が家来になるというような組織ではいけない」（野村 1974a: 310）。
　「仕事も一人一人でやるよりも助合ってやるがいい。仕事を分担してやることがあってもいいが、然し早く出来たら、他を助けてやるえらさがないといけない。分業するのは、早くらくがしたいから、その利己のために分業するのではなく、全体の期待を引受けて分担しあうのである（傍点原文のまま）」（野村 1974a: 91）。

「能率」志向をめぐって

　このように、野村の生活教育論は協働自治をめざしていたが、それは「能率」という考え方に彩られていた。生活教育論では、日常生活も国家生活も機能的に、いいかえれば、目的合理的にとらえられていた。たとえば、野村は学校を工場に喩えて、次のように述べている。「学校とは一つの教育工場であり、従って、子供の質と言う原料を、生活訓練［によって］……成品にまで生産する工場であるのだから、其処には、能率と言うことが、当然に問題とならねばならぬ」と（野村 1974a: 65）。

　野村の生活教育論を彩る「能率」志向は、彼が「プロブレム・メソッド」「プロジェクト・メソッド」を方法とする「研究学習」「作業学習」を強調しながら、試行錯誤の含意を強調していないことにも暗示されている。試行錯誤は、

経験の広がり、世界のつながりに通じる営みであるが、野村は、そうした試行錯誤の意義について何もふれていない。野村の「作業学習」は、さきに述べたように、「計画」「作業」「評価（合評）」から構成されているが、それらのなかでもっとも重視されているのが「計画」である。すなわち「作業に於ける目的の決定、材料の選定、仕事の順序、仕事の分担、道具の準備、日程などを立案したり協議したりすること」である（野村 1974a: 104）。こうした綿密な「計画」においてこそ、「目的活動の意志活動」は迅速化され強化される、と野村は考えていたのであろう（野村 1974a: 129）。

　こうしてみると、野村の生活教育論は、ヴェーバー（Weber, Max 1864-1920）のいうような近代的な目的合理性に貫かれているように見える。生活教育論においては、あらかじめ目的は「協働自治」と定められ、その目的を効率的に達成する営みばかりが強調されているように見える。いいかえれば、野村の生活教育論は、「協働自治」につらなる既存の知識技能を子どもが迅速確実に得るための方法論であるように見える。そこでは「何のために知識技能を学ぶのか」という学びの根幹をなす目的の正当性をめぐる問いが、「協働自治」という目的によって封じられているようにも見える。こうした疑問の当否を確かめるために、次に、野村の生活教育論を支えている「協働自治」という概念の内実を確認してみよう。

3　「協働自治」を支える「生命」

「協働自治」と「協力意志」

　上に述べたことからわかるように、野村の生活教育論を特徴づけているもっとも重要な概念は「協働自治」である。野村のいう「協働自治」は、野村が大正期に語っていた「協力意志」から区別されるが、それと地続きである。この二つの概念を切り離して理解することは誤りである。野村にとって「協力意志」とは、広い意味での「友情」によって生起する営みであり、個人のなかにあるものではなく、「人と人との間に無形の力」としてあるものであり、またただそこにあるのではなく、人が「生命の統一」（後述する）に信順することで存立可能になるものである（野村 1974c: 30）。こうした「協力意志」は、い

わば裸形の、純粋な相互扶助・共鳴協力である。そして、この「協力意志」が機能的に彩られるとき、すなわちこれが何らかの目的合理性をともなうとき、「協働自治」という概念が立ち現れる。

野村は「協働自治」は「集団それ自身が持つ自治である」と述べている（野村 1974a: 30）。「自治」は、autonomyの翻訳だろうが、自己統制を意味している。したがって「協働自治」は、協働的である集団の自己統制状態である。こうした「協働自治」は、二つの特徴をもっている。一つは、その集団のなかにいる個人が、その集団によって統制された生活を受け容れなければならない、ということである。野村は「吾々は協働自治のためには、何処までも自己の個人的意欲は辛抱せねばならぬし、又友達のそうした意欲に対しても、辛抱を要求せねばならぬ」と述べている（野村 1974a: 31）。もう一つは、「協働自治」が、時代と場所によって限定され、特定の形態を示すことである。たとえば、「皇室中心」の「国体」は「日本国民の協働自治」の「理想形態」であり、「立憲政体」という「政体」は「日本国民の協働自治」の「実践形態」である（野村 1974a: 53）。

教育による「協働体社会」の創出

野村にとって教育の目的は「協働自治」に満ちた社会すなわち「協働体社会」の創出である。野村は、上述の『生活学校と学習統制』において、自分のめざすところについて次のよう述べている。すなわち「学校を子供達の生活の場所として、協働体社会に組織し、子供達の身体的必然（愛）と環境的必然（公利）とを協働自治［的］に統制せんとする」ことである、と（野村 1974a: 1）。野村にとって、「生活」が「協働自治」的であることは、たんに人びとが日常的に「仲良くする」ことではなく、背反する「人間的な愛」と「社会的な公利」とをともに「生かしきろうとする生活戦闘」が行われることであった（野村 1974a: 2）。そして野村は、「生活」が「協働自治」的であるなら、さまざまな「生活」の集合である「社会」は「協働体社会」となりうる、と考えていた。この「協働体社会」を最終的に創出する営みが、野村の求める生活教育である。

野村にとって、当時、教育界において対立的に論じられてきた「社会の必

要」と「子どもの興味」だけでなく、「社会性」と「個性」の対立も、そして「公利」という「組織的必要」と「愛」という「人格的興味」の対立も、この「協働自治」によって調和収束するはずであった。いいかえれば、野村にとっては「協働自治」は、近代教育を彩っている二項対立すべてを「弁証法的」に止揚する究極の第三項であった。野村は『生活学校と学習統制』において「協働自治は、必要と興味を対立させながら、よくこれを統制して行く生活に他ならない」と述べている（野村 1974a: 33）。

　今述べたことに暗示されているように、野村のいう「協働自治」を根本的に支えている「公利」と「愛」は、野村にとって対立的であったが、連接的でもあった。「公利」と「愛」はたしかに対立する。一方の「公利」は「組織自身のもつ利益」であり、機能的（目的合理的）な営みであるが、他方の「愛」は人びとの心のうちにおのずと湧くものであり、「お互が友情的に助合って行きたいと願う本能……、及びその実践」である（野村 1974a: 397）。しかし、野村においては、この二つは連接的でもあった。「集団人は、凡て愛に呼び覚され、お互の人格構造をも……協働自治的に訓練されて行くものである。又人々が心の内に湧く愛を意欲するならば、必ずその人は吾々の社会がより多くの公利を持つことに努力せずには止まぬであろう」（野村 1974a: 32）。ちなみに、こうした「公利」と「愛」の関係は、大まかながら「客観」と「主観」という関係と重なっている。現代の用語法とちがい、野村にとって「客観」は、経済的・政治的・技術的な成果を意味し、「主観」は、個人的・対他的・心理的な営みを意味していたからである。

「生命」という基礎概念

　野村のこうした「愛」の概念は、彼の「生命」の概念から微妙にずれている。先にわずかにふれたように、野村の生活教育論の根幹は「生命」という概念である。野村のいう「生命」は生物学的な「生命」ではない。野村は「生命は吾と彼とを共に救うてくれる宇宙内在の命」（野村 1973a: 6-7）であると述べている。つまり、野村のいう「生命」は他の者と共鳴し協力し「合唱」することで自分を生かすという生きものの様態である。いいかえれば、自他が支えあい・響きあい・助けあうという生命世界の本態である。野村は、端的に「自然は生

命の意欲的現われであり、社会は生命の組織的現われ、人間は生命の自覚的現われである」（野村 1974a: 53）と述べている。いいかえれば、「自然」は「生命」の野生的な現れであり、「社会」は「生命」の集団的な現れであり、「人間」は「生命」の反省的な現れである、と。

野村にとって、「科学」は「生命」のこうした相互扶助的な本態を把握し、「生活」を協働自治的なものへと改善する営みである。その意味で、野村は「科学生活とは、現実生活の組織的再生産生活であり、それは宇宙が法則的全的存在であると言うことの信仰によって可能である」と述べている（野村 1974a: 53）。ここでいわれている「科学生活」は「人間の目的［合理的］活動の一切を綜合した名称」であり（野村 1974a: 58）、この「目的［合理的］活動」を貫く法則は「生命」の原理であり、「法則的全的存在」はどこまでも「生命」の原理に支配されている存在である。

野村にとって、「科学」以外の「文化」全体は「科学」と違い、「生命」の法則を体現する営みではないが、この「生命」の法則に支えられた営みである。

「芸術も政治も吾々が生産して行く相対価値であり、こうした文化を生産して行く根拠をなすものは、実在それ自身の価値即ち生命である。生命とは［事物をみずから］統制しつつある物としての実在［＝必然］である。だから、吾吾は［生命の必然への］信を根拠として［芸術や政治といった］相対的な文化価値を生産して行かねばならぬ」（野村 1974a: 63）。

完全性の顕現

野村にとって、存在の基本的様態としての「生命」は、表象から無縁の概念であり、「神」を意識しつつ、ただ日々において具体的によりよい人生を求める営みに見いだされる事実、立ち現れる形象である。野村が執拗なまでに「抽象」を退け、「具体性」（実際性）を強調するのは、よりよい状態を求める日々の具体的な生活にこそ「生命」という事実が顕現すると考えたからである。そうであるからこそ、野村は、よりよい状態を求める日々の具体的な生活を「絶対生活」と呼んだのである。

第5章 「協働自治」に向かうカリキュラム

「吾々は、神の一切を知り得ないが、実は相対的には、神と共に生活している。吾々の存在を可能にしているのが神であり、神の存在を形成しているのも亦吾々である。……カントが否定したほど全然わからない存在もなければ、同様にカントが考えたほど完全にわかる世界もありはしない。……そして相対生活の充実——科学生活の向上——こそ、そのまま神の救［い］であり、絶対生活であることを知らねばならぬ」（野村 1974a: 27-28）。

この引用箇所に続くところで、野村は「［人は］大きい神の救［い］を信ずるが故に、明るい気持で喜んで人間らしい相対善を努力して行くことが出来る」と述べている（野村 1974a: 28）。

野村の「生命」の概念は、キリスト教の「完全性」（perfection [perfctio]）概念につらなっている。野村は「真の自由は、自然を拒否するものではなくして、自然を統制するものである」と述べたあとに「神又は如来の完全性は——従って生命の完全性は——自然を拒否するからではなく、自然を統制しているからである」と述べている（野村 1974a: 64）。「如来の」という言葉を脇におき、「神の完全性」をキリスト教のそれとして理解するなら、この「完全性」も表象から無縁である。キリスト教の「完全性」は本来的に神の本態であり、認識するにしても、具現するにしても、けっして人には十全に到達しえないからである。しかし、そうでありながら「完全性」はすでに人間のなかにあり、人間を支えている。それは、具体的な問題情況において、少しずつ暗示され、人を導くものとして顕現する。それは、つねに暫時的・暫定的な「完全性」であるが、それに「気づく」ことが「完全性」の顕現である。こうしたキリスト教的な「完全性」の概念は、私たちがよりよくあろうとするその倫理的衝迫にほのかに見いだせる、その行き着く先をあえて言語化した、不在の概念である。

無条件の愛ではなく機能的な愛

これに関連して確認するなら、野村は「宗教」の本質とりわけキリスト教の本質は「愛」すなわち「協働」であると考えていた。たとえば、1932年の『生活訓練と道徳教育』において、彼は「それ［＝宗教］が本質はどこまでも愛であると思う」、「宗教は真実には、協働への情熱と知慧とであらねばならぬ

筈だ」と述べている（野村 1973b: 57-58）。そして彼は「吾々は神を信ずることが出来る」と宣言している（野村 1974a: 28）。野村のいう「完全性」への探究を可能にしているものは、いわれてきたような親鸞的な仏への信仰ではなく、キリスト教的な神への篤信であろう。

　しかし、野村のいう「愛」は、キリスト教的な愛、すくなくともヨハネ的な福音の愛すなわち無条件の愛から区別されるべきだろう。というのも、さきにふれたように、野村にとっての「愛」は「お互の利」という意味での「功利」でなければならなかったからである（野村 1973b: 33）。野村においては、キリスト教の無条件の愛は、野村がいう「生理現象」「自然現象」「本能」としての「愛」のなかに解消されたままである。野村は「ころんだ子供を起してやる」「手を引いて歩ませる」といった行為に類似する行為は「独り人間ばかりでなく、雀の親子の間にも、鶏の親子の間にも行われている」と述べている。つまるところ「子供達への親の愛」「友達同志への助合い」は「自然現象」である、と（野村 1973b: 60-61）。しかし野村は、「愛」はこうした「生理現象」「自然現象」「本能」にとどまってはならない、という。野村にとって「愛」は「客観性」すなわち具体的な相互利益をもたらす「生活愛」にまで高められなければならなかった。

「吾々は吾々の本能愛を肯定し、それが実現を意欲すればする程、現代社会にあってはこの生理的な愛に対して、社会認識から来た生活技術を持たしめねばならぬのである。つまり科学的認識と協働自治の実践によって、［本能的な愛、生理的な愛を］客観性を持った愛にまで訓練づけなくてはならないのである。恋愛も、母性愛も、その他、個性［の］牽引による友愛も、凡て本能的な愛は、この生活愛にまで訓練づけられることを絶対に必要とするのである」（野村 1973b: 77）。

　愛は「客観性を持った愛」でなければならないということは、愛は収益・健康・学力などの、そして協働自治の役に立たなければならないということであり、そういうことは、なんらかの目的実現・問題解決の役に立たない愛は愛ではないということである。野村は機能的な愛を強調しているように見える。い

いかえれば、ヨハネ的な無条件の愛から離反し、19世紀後半から20世紀初頭にかけてアメリカに広まった、リベラル・プロテスタンティズムの語る「愛」に、すなわち有用性を求めるプロテスタンティズムの「愛」に接近しているように見える（田中 2005）。もしもそうであるなら、野村がめざす完全性概念もまた、機能的な色に染まっているのかもしれない。

4　生活教育と存在論的思考

「土俗的精神」に連なりながら

　ともあれ、このような野村の生活教育論は、歴史家の鹿野政直のいう「大正デモクラシーの底流」といくらか連続しているように見える。鹿野は、大正デモクラシーの背後に、大正デモクラシーがかかげた「合理」「理性」に背反する「非合理」「情念」を特徴とする「土俗的精神」を見いだしている。「土俗的精神」は、知識人ではなく民衆が、西欧文化によらず自生的に、観念からではなく生活のなかから、育んできた価値意識である。この「土俗的精神」を体現したものが、たとえば、大本教のような「創唱宗教」であり、自立的な生活者であることを強調した「青年団運動」であり、『大菩薩峠』のような「大衆文学」である。鹿野によると、第一次世界大戦後の政情不安と社会彷徨は、大正デモクラシーの合理性志向によって遮られ燻り続けてきた「土俗的精神」を、さまざまな活動を通じて一気に表出させることになった（鹿野 1973: 260、25）。たしかに、野村の生活教育論は、そうした「土俗的精神」に似て、民衆的であり、自生的であり、生活的であるように見える。

　しかし、野村の生活教育論は、鹿野のいう「土俗的精神」から一線を画しているというべきであろう。というのも、野村の生活教育論は、目的合理的な側面、生命論的な側面をもっているだけでなく、当時作られた「自力更生」という言葉に象徴されるような「土俗的精神」のもう一つの特徴、すなわち現世への不満・怨恨を具体的に解消させることなく、現世の不条理への闘いを諦め、伝統的価値への回帰へと自分たちを動員するという特徴をもっていないからである。いいかえれば、野村の生活教育論は、鹿野が大正デモクラシーとりわけ青年団運動に見いだした伝統への諦念的回帰とは無縁だからである。鹿野は、

青年団運動が示した伝統への諦念的回帰について、次のように述べている。「けれどもいかに努力しても、ついに光明がもたらされないばかりか、それがいよいよ遠のくと意識されたとき、既成の一切への憤怒をこめて、伝統的な価値への依拠がはじまるのであった。あれほどさまざまの模索の結果が、自力更生へとなだれをうったとき、青年たちは、ひらこうとした未来を、みずからの手でとざしたといえた」（鹿野 1973: 153-154）。

「本当な生活」への敢然性

　諦念的回帰を退ける野村の生への姿勢は敢然的であり、絶望に希望を見るという姿勢である。野村は、1928 年に教育をよりよくするための指標として「社会と共に苦しもう。そして社会と共に歩もう」という言葉をかかげている。野村は、問われるべきことは、成城小学校や千葉師範学校附属小学校で行われた「全人教育」「自由教育」、東京高等師範学校や奈良女子高等師範学校で行われた「合科学習」、児童の村小学校で行われた「生活教育的教育」といった、新教育の授業形態や教育内容の問題ではなく、「本当な生活は何であるか」「私等の生活はどうなるべきであるか」「学校は如何にして、社会と共に苦しむことが出来るか」である、と述べている（野村 1974b: 126）。野村にとっては、社会とともに苦しみ、社会とともに歩むことは、「本当な生活」をめざす苦闘の歩みを意味していた[1]。

　野村のいう「本当な生活」は、事前に設定されていて「活用」できるような知識ではない。「本当な生活」は、「真の自由」と同じように、表象化（命題化・言明化）されない。いいかえれば、暫定的な規範としてのみ、その内容が措定される。「本当な生活」は、たえずめざされ続けるものとして、教育者が、社会を構成している人びととともに、不断に探究すべきいまだ来たらぬものである。したがって、苦しみつつ歩み続けることが、この不断の探究にはつきまとう。苦しみに耐え続け、なお先に進み続けることだけが、この探究を可能に

---

1) 野村は「本当の生活」と書かず「本当な生活」と書いている。野村は「本当の生活」を「現実の生活」に結びつけ、「本当な生活」を「真正な生活」に結びつけていたと推測される。いいかえれば、野村は「本当な生活」で、real life ではなく authentic life を指し示そうとしていたのではないか、と。

第5章 「協働自治」に向かうカリキュラム　　137

している。野村は「教育は絶望である」が、「絶望を生活するところに、新生は生れる。臆病なら臆病で仕方がない。臆病ながらに、苦しめ、新生は必ず創造されねばならぬ」と述べている（野村 1974b: 122）。「本当な生活」は、それが苦しみとともに創出され続けることそれ自体としてのみ、すなわち過程としてのみ現れる、と。

目的論と存在論的思考

　また、野村の生活教育論は、その生の様態論においては、デューイの進歩主義教育思想に近しいということができる。野村は、「生命」という、表象を超える概念を基礎概念にすえながらも、具体的な教育目的としては「協働自治」という機能的概念をかかげた。そしてこの「協働自治」が体現された社会すなわち「協働体社会」を具現化するための教育方法として「生活教育」やプロジェクト活動を重視した。そして「協働体社会」は、たえず造りかえられる暫定的な状態であった。デューイもまた、「神意」「経験」という、表象を超える概念を基礎概念にすえながらも、具体的な教育目的としては「協同性」（社会性・デモクラシー）という存在論的な深みをともなう概念をかかげた。そしてこの「協同性」が具体的に実現された状態すなわち「デモクラティックな社会」を創出するために、専心活動を中心とするデモクラティックな教育を提唱し実践していった。そして、デューイの「デモクラティックな社会」もまた、たえず更新される未完の状態であった（田中 2009）。

　野村は、知識技能の活用という有用性を強調しながらも、「知識技能が活用される目的（問題）」への問いを矮小化するという問題を回避している。野村にとって、知識技能を活用する目的はもっとも重要な問題であった。野村は、その目的を「協働自治」「協働体社会」と定めつつも、その具体像を未完の課題とした。すなわち、たえず再構築され続けるものとした。基本的な方向のみを定め、具体的な情況に合わせて、具体的な目的を設定するべきだ、と考えた。「本当な生活」という言葉は、不断に再構築される目的を象徴する言葉である。こうした野村の目的論は、「デモクラティックな社会」をたえず更新される未完の状態と位置づけたデューイの目的論と、よく似ている。

　しかし、野村の生活教育論は、デューイの進歩主義教育思想からずれるとこ

ろもある。野村の「協働自治」「協働体社会」とデューイの「協同性」とは一致していないように見えるからである。野村の「協働体社会」は、相互扶助的かつ目的合理的であった。「生命」の本態である相互扶助状態を目的合理的な手段によって実際の「生活」に具現化することが、野村の生活教育論の目的であり、彼の「協働体社会」へいたる過程だった。この過程は有用性に彩られていた。野村は「生命」を体現する「本当な生活」を求めながら、機能的な愛をそこに求めていた。それを象徴する言葉が「客観性を持った愛」である。いいかえれば、野村は、存在論的思考を前提にしつつも、よりよいものをめざす機能を強調した。私たちは、存在を暗示し存在を感受する存在論的思考——第6章でふれるハイデガー的な存在論——を踏まえつつ、愛の本態が人と人のつながりであり無条件の他者受容であるという事実を強調しよう。能力の多寡を問うことではなく、一命の存在を感受することが、存在論的思考である。デューイの「協同性」は、機能的な営みを否定していないが、機能的な営みから区別される存在論的思考につながっているように見える。これについては、次の第6章であらためて論じよう。　　　　　　　　　　　　　（橋本美保・田中智志）

〈引用・参考文献〉
石川松太郎　1978　『藩校と寺子屋』教育社（歴史新書）。
梅村佳代　2002　『近世民衆の手習いと往来物』梓出版。
鹿野政直　1973　『大正デモクラシーの底流——"土俗"的精神への回帰』日本放送出版協会。
田中智志　2005　『人格形成概念の誕生——近代アメリカの教育概念史』東信堂。
田中智志　2009　『社会性概念の構築——アメリカ進歩主義教育の概念史』東信堂。
野村芳兵衛　1926　「旅と僕の心——伊香保へ行く」『教育の世紀』4（8）：104-107。
野村芳兵衛　1973a　「新教育に於ける学級経営」『野村芳兵衛著作集』第2巻　黎明書房。
野村芳兵衛　1973b　「生活訓練と道徳教育」『野村芳兵衛著作集』第3巻　黎明書房。
野村芳兵衛　1974a　「生活学校と学習統制」『野村芳兵衛著作集』第4巻　黎明書房。
野村芳兵衛　1974b　「教育の政治化問題論争」『野村芳兵衛著作集』第6巻　黎明書房。
野村芳兵衛　1974c　「教育の本質論」『野村芳兵衛著作集』第6巻　黎明書房。
安川哲夫　2000　「スリー・アールズ」教育思想史学会編『教育思想事典』勁草書房。
山田晶　1979　『在りて在る者——中世哲学研究　第三』創文社。

Dewey, John　1996　*The Collected Works of John Dewey, 1882-1953: The Elec-*

tronic Edition, edited by Larry A. Hickman. Charlottesville, Virginia: InteLex Corporation.
MPC="My Pedagogic Creed" (1897 ew. 2)
SS=*The School and Society* (1st edn. 1899/rev. edn. 1915 mw. 1) = 1998 デューイ（市村尚久訳）「学校と社会」『学校と社会 子どもとカリキュラム』講談社（学術文庫）。
CC=*The Child and the Curriculum* (1902 mw. 2)
DE=*Democracy and Education* (1916 mw. 9) = 1975 デューイ（松野安男訳）『民主主義と教育——教育哲学入門』（上・下）岩波書店。

Weber, Max 1988 *Gesammelte Aufsätze zur Religionssoziologie*. 3 Bde. Tübingen: J. C. B. Mohr.

第6章　プロジェクト活動と存在
——有用性と道具性

〈概要〉　プロジェクト学習は、それが「プロジェクト・メソッド」として形式化されるときに、狭義の「有用性」から区別される、ハイデガー的な「道具性」をみずから看過していく。道具性は、道具を目的合理的・作為意図的な手段として表象しない人の、調和的な「専心活動」においてのみ、現れる。その道具性の存立条件は、道具・技量が「情況」（全体論的全体）に着床しかつ目立たないことである。プロジェクト学習の形式化は、プロジェクト学習における活動を目的合理的・作為意図的に編成し、狭義の有用性に傾斜させることである。近現代社会においては、道具性の看過を加速させ、有用性を顕示する「機能的分化」という社会構造が広がっている。プロジェクト学習の発案者であるデューイは、この有用性へと教育が還元されることに抗い、「協同性」を重視した。この協同性は、協力、協働、共同体ではない。協同性は、生の共存在性であり、道具性と同じように、ハイデガー的な意味での「存在論」に位置している。

「子どもは夢中になり、どこまでも専心しているが、そこには意識的な意図はない」。　　　　　デューイ『学校と社会』（Dewey 1996, SS, mw.1: 101）
「行為の活動性は、行為者が心になんらかの目的を抱いていなくても、目的的でありうる」。　　　　　ドレイファス『世界内存在』（Dreyfus 1991: 93）

1　キルパトリックのプロジェクトとデューイ

「プロジェクト」の由来

　アメリカの教育界においては、「プロジェクト」という言葉がよく使われる。たとえば「プロジェクト学習」（project-based learning）、「プロジェクト型

授業」（project-based instruction）、「プロジェクト・アプローチ」（project approach）などである。高名な教育心理学者ガードナー（Gardner, Haward）の用いている「プロジェクト・スペクトラム（ゼロ）」（project spectrum [zero]）も、その一つである（Gardner et al. 1998）。こうした「プロジェクト」を冠する言葉は、元をたどれば、キルパトリック（Kilpatrick, William Heard）の「プロジェクト・メソッド」に由来している。

　キルパトリックは、もともと数学者・物理学者だったが、36歳で転身し、コロンビア大学においてデューイに学び、のちにデューイの後継者と見なされた教育学者である。彼は、進歩主義教育協会においてデューイ、カウンツとならんで高名な人物だった。そのキルパトリックの名を一躍高めたものがプロジェクト・メソッドである。キルパトリックが「プロジェクト・メソッド」という言葉を最初に活字にしたのは、1918年に彼が書いた同名の「プロジェクト・メソッド」という論文においてである（Kilpatrick 1918）。この論文で示されたプロジェクト・メソッドの概要は、1925年に出版された『メソッドの基礎』という本でさらに敷衍されている（Kilpatrick 1971 [1925]）。

「目的ある活動」

　キルパトリックのいう「プロジェクト・メソッド」は、その名称のとおり、「プロジェクト」を方法原理とする教育方法である。キルパトリックにとって「プロジェクト」とは「一定の社会的環境のなかで行われる、［学習者が］全精神を傾ける、目的のある活動」であり、この「目的のある活動」を、学習者（子どもたち）の置かれた情況に即して準備し設営することが「プロジェクト・メソッド」という教育方法であった（Kilpatrick 1918: 320）。

　キルパトリックによると、この「目的ある活動」すなわち「プロジェクト活動」は、「①目的設定－②計画化－③実行－④事後判断」という四つの段階に分けられる。キルパトリックは、子どもの学習は、教師が子どもに押しつけるものではなく、基本的に子どもたちがあらかじめ目標を定め、その達成方法を練り、それを実行すること、精確にいえばキルパトリックの言葉ではないが、「自己企画」し、最後にその成果を知的に把握することである、と考えていた。

目的合理的な人間

　キルパトリックがとりわけ重視していたことは、「自己企画」という事実が子どもたちのなかに「自己制御」（self-control）という能力を生みだすことである。いいかえればキルパトリックは、個人主体としての自己の形成を重視していた。自分たちで目標・方法を設定したのだから、最後までやり遂げようとする意欲も、そうするために必要な抑制力・判断力も生じるはずである、と彼は考えていた。自己制御は「行うべきときに、行うべきことを、実際に行う」力である。キルパトリックにとって、この「自己制御」は、人間が「生きるに値いする人生」を送るための大前提だった。

　キルパトリックにとっては、「自己制御」できる人間すなわち「自分の運命のマスター」である目的合理的な人間こそが「デモクラティックな市民の理想型」だった。キルパトリックは、1918年の「プロジェクト・メソッド」という論文で次のように述べている。

　「私たちが賞賛するのは、自分の運命のマスター［支配者］である人間である。この種の人間は、情況全体を慎重に把握し、明確で周到な目的を設定する人間であり、すぐれた配慮とともに、そうした目的を達成する方法を計画し実行する人間である。習慣的にそのように自分の人生を制御し、価値ある社会的目的に準拠する人間は、実践的有用性と道徳的責任力を担う人間である。そうした人間こそが、デモクラティックな市民の理想型である」（Kilpatrick 1918: 322）。

プロジェクトの二つの機能

　今、述べたように、キルパトリックにとっては、子どもたち自身による目標の設定、目標の達成がもたらす知識技能の所有、自己制御力の形成が「プロジェクト・メソッド」の主眼である。どちらも重要であったがキルパトリックにとっては、前者の知識技能の習得が「プロジェクト・メソッド」のもつ主要・直接の機能であり、後者の自己制御の習得が「プロジェクト・メソッド」のもつ副次・間接の機能であった。

　すでに指摘されているように、こうしたキルパトリックの「プロジェクト・

メソッド」は、デューイの進歩主義教育思想に連なっている（佐藤 2004）。「プロジェクト」という言葉自体、デューイが 1910 年版の『思考の方法』において用いた「プロジェクト」という言葉に由来し、また 1916 年の『デモクラシーと教育』において用いた「プロジェクト」という言葉に由来している（Dewey 1996, HWT 1, mw.6: 190, 235, 326; DE, mw.9: 205）。その意味では「プロジェクト・メソッド」の母胎は、デューイの進歩主義教育思想である。

目的合理性・個人主体性からのずれと存在論への傾斜

　しかし、キルパトリックの「プロジェクト・メソッド」は、目的合理性・個人主体性に傾斜することで、デューイの考えていたプロジェクト活動からずれていったのではないだろうか。というのも、キルパトリックは、子どもたちが首尾よく目的を達成すること、設えられた過程、想定された手順をたどりつつ、順調に目的に到達することを望み、子どもたちが目的の達成に寄与しない活動、試行錯誤を望んでいないが、デューイは、プロジェクト活動において子どもたちが目的達成の過程を順調にたどるとは考えていないからである。デューイは、プロジェクト活動においては子どもたちが設えられた過程を逸脱し、想定された手順をはみだすことを重視しているからである。子どもたちは、まさに設えられた過程を逸脱し、想定された手順をはみだすからこそ専心する、と考えていたからである。たとえていえば、思い通りにならず熱くなるときこそ、この世界の本態へと経験が広がるとき、探究が始まるときである、と。

　このようなデューイとキルパトリックのずれは、たんなる方法上のずれではなく、思想上のずれとつらなっているかもしれない。というのも、デューイは、キルパトリックとちがい、存在論的に思考していたように考えられるからである。個物／関係という区別、実体／機能という区別では語りえない存在論的な境位を語ろうとしていたように思われるからである。以下にとりあげるように、デューイの「道具」「協同性」（「社会性」「デモクラシー」）という言葉は、有用性の言説に属する言葉ではなく、道具性の言説に属する言葉、広義の存在論というよりも、ハイデガー的な存在論の言葉ではないだろうか。

2 デューイの構成的な専心活動

専心活動としてのプロジェクト

　デューイは、1910年の『思考の方法』の出版から23年後の1933年に同書の改訂版を出版し、そのなかにあらたに「構成的な専心活動」(constructive occupations) という節を設けている。デューイにとって「構成的な専心活動」は「プロジェクト」と同義である。それは、専心を本態とする具体的な協同制作活動・問題解決活動である。専心的であるために、活動は四つの特徴をもたなければならないという。すなわち、子どもの興味関心を多様に喚起するものであり、子どもの生活それ自体に有益なものであり、子どもの知性の更新に寄与するものであり、さらに教師と子どもがともに可変的・持続的に計画立案を行うものでなければならない、と (Dewey 1996, HWT 2, lw. 8: 291-292)。

　ここで留意したい点は、デューイが1899年に著した『学校と社会』(第一版) において次のように述べて、「専心活動」の目的を有用性からずらし崇高な倫理に向けていることである。「専心活動という言葉で私が意味しているものは、子どもが行う活動の一様態である。それは、社会的生活において営まれる専心活動を再現したものであったり、その専心活動に類似したものである」。したがって「ここでいう専心活動は、ある職業のための教育を第一義とする専心活動からは、慎重に区別されなければならない。ここでいう専心活動においては、その目的がその活動自体にあるからである。……この活動の外にある有用性 (utility) にあるのではない」。なるほど「専心活動の帰着先は、何をするにしても、そのことに最大限に意識を傾注すること」だが、その専心活動が向かう最終目的は「すべてのより気高くより精神的な興味関心がめざす永遠の住処 (permanent home)」である (Dewey 1996, SS, mw. 1: 92, 93, 95)、と。つまり、専心活動が向かうところは「永遠の住処」である、と。

目的合理性に還元されない文脈構成の営み

　デューイにとって、こうした倫理的目的をもつ専心活動は、もちろん子どもの能力にふさわしいものでなければならないが、それは狭量な目的合理性に貫かれた意図的営みではなく、誤謬可能性を必須とする冗長的営みだった。いい

かえれば、プロジェクト活動は、想定どおりにうまくいく、とまどい・ためらいのない営みではなく、想定外の事態に直面しうまくいかず試行錯誤を常態とする営みだった。デューイは、『デモクラシーと教育』でプロジェクトについて語っている箇所で、次のように述べている。

「間違う機会は、付随的な必要性である。それはもちろん、間違いそのものが望ましいからではない。間違いが生じる余地を残さない教材や機材を選択することに熱心すぎることが、子どもの独創力を制約したり、判断経験を縮減したり、生活の錯綜した情況からかけ離れた方法を子どもたちに強制することになるからである。生活の錯綜した情況では、間違いの余地を残さないで獲得された能力は、ほとんど利用可能性をもたないからである」(Dewey 1996, DE, mw.9: 205)。

ここはよく知られている箇所だろうが、確認したいことは、デューイがここで、試行錯誤の営みを要求する「生活の錯綜した情況（situation）」は「現実的」な知識をもたらし、「全体」（whole）についての了解を生みだす、と考えていたことである。いいかえれば、試行錯誤は、事象の文脈である「情況」、そして事象のもっとも広い文脈である「全体」を、いわば知として構成する契機である、と考えていたことである。

「対象が人間的なものであればあるほど、つまりそれが日々の経験において人の心をとらえるものに近ければ近いほど、その対象についての知識は、より一層現実的になる。活動の目的がこれら［＝対象の大きさ、形状、比率、関係］の特徴を確認することに限定されるとき、結果として生じる知識は、技術的なものにすぎなくなる。……いいかえれば、活動的な専心活動は、なによりも全体にかかわる営みでなければならない。教育における全体は物体的事象ではない。全体という存在とは、関心興味によって生じる意味的事象であり、ある情況が予示する［その情況の］完全性である」(Dewey 1996, DE, mw.9: 206)。

情況から全体へ

デューイにとって、事後的な意味形象としての「全体」は、まずは反省的・遂行的な意味形象としての「情況」として把握されるものである。デューイは、人が何かの活動に動態的に参画しその活動を経験しているとき、その何かがその人にとっての「情況」である、という。いいかえるなら、デューイのいう「情況」は、ある人によって意味づけられた、その人が置かれている環境であり、そのなかで、そのつどそのつど、なすべきことがおよそ把握されているような暫定的・措定的な状態である。

たとえば、高速道路でクルマを運転している各人は、ほとんど必然的に自分のまわりに対し動態的に参画し、それぞれが置かれた情況を生きている。もしも前のクルマが急ブレーキをかければ、瞬時に自分も急ブレーキをかけなければならない。そしてその行為は、後続のクルマにも波及し、その波及効果は、さらに後続のクルマに波及し、各人の情況を変える。「渋滞」と呼ばれる現象は、高速道路でほとんどのドライバーが、それぞれに、連関した情況を生きている証拠である。

全体・要素・目的の事後構成

こうした「情況」がより広く深い「全体」として了解されるのは、事後すなわち活動ののちである。デューイにとって、何らかの制作のための・問題解決のための活動が一段と進展すること、そして完了することが「全体」という観念が生じるための不可欠な契機である。制作活動、問題解決活動が完了しなければ、「全体」という観念は生じない、とデューイは考えていた。その意味で、デューイは「ある情況の機能的展開こそが、精神にとっての一つの全体を構成する」と述べている（Dewey 1996, DE, mw.9: 207）。

したがって、デューイにとっては、「全体」を構成する「要素」も、「全体」を方向づける「目的」も、所与の表象知（命題・言明）ではない。それらは、活動のなかで暫定的・措定的な「一義性」（simplicity）を与えられ、活動をおえて内在的・内属的な「確かな意味」を与えられる。

「ある主題に近づこうとしている人にとって、一義的なものは、彼の目的で

ある。……この目的の一義性は、活動の過程において調整されるべき諸要素に一義性を与える。諸要素の一義性は、企てという全体に対し寄与するという働きのなかで、一義的な［機能的］意味をまとっていく。この活動の過程を経由したあとはじめて、諸要素の内実や関係といったもの［つまり全体］が構成され、それ自体、確かな意味をもつ要素となる」(Dewey 1996, DE, mw.9: 207)。

ようするに、活動を構成する「要素」も、活動を方向づける「目的」も、はじめから命題・言明として存在しているのではない。活動を構成する「要素」も、活動を方向づける「目的」も、「計画的な活動」から区別される「目的的な活動」(purposeful action) のなかに予示されるもの（のちにふれるように「予感」「気づき」として看取されるもの）としてあり、それが、活動の「全体」に寄与しつつある・寄与したという事後的認識によってはじめて、「要素」「目的」として明示的に意味づけられていく。いいかえれば、プロジェクトの「意図」なるものは、はじめから確固としてあるのではなく、プロジェクトの終了つまり事後においてのみ、反省的に概念化される。

意図・意志、分節・手順を超えて
ちなみに、デューイは、1899年の『学校と社会』（第一版）において、子どもの活動は本来的に「専心的」であるが、基本的に「意識的」ではない、と述べている。いいかえれば、専心的であることは、完全に意図・意志に支配されているのではなく、むろん何らかの意図・意志をふくみながらも、そうした意図・意志を超える子どもの「全体」が行う営みである、と。

「子どもは、自分のやっていることにひたすら没頭する。子どもは、自分のしている専心活動のとりこである。子どもは、無条件に自分を投げだす。つまり、多大な労力を費やすわりには、意図的な努力は何もしていないのである。子どもは、夢中になり、どこまでも専心しているが、そこには、意識的な意図 (conscious intention) はない」(Dewey 1996, SS, mw.1: 101)。

まったく無縁のようにも感じられるだろうが、ヴィトゲンシュタインの授業論を持ち出すこともできるだろう。というのも、子どもという全体と、その一部である意図・意志との関係は、授業という全体と、その一部である教師の教示する事例との関係に、似ているからである。ヴィトゲンシュタインは、事例をただ受け容れるだけの随順的な授業と、事例を超え出るような想像力豊かな授業とを、区別している。「提示された諸事例から離れない授業は、それらを超え出ていく授業から区別される」と（Wittgenstein 1968＝1976: 208）。授業に示される事例はつまるところ表象知であり、それのみを記憶したり狭い範囲で活用したりすることは、その事例を超え出ることではない。その事例を超え出ることは、表象知を理解し活用するための文脈を拡大することである。

しかも、事例から超出するとき、その超出する先を、その営みの当事者はきちんと理解していない。だから、ヴィトゲンシュタインは、人は「根拠なしに行為するだろう」というのだろう（Wittgenstein 1968＝1976: 211）。たしかに、人は、何かをするときに、かならずしもその何かを明確に「AではなくBである」と理解（分節）していないにもかかわらず、その何かをした後になって「これはAではなくBである」と理解する。何かに気づいていながら、何に気づいているのか、はっきりわからないままに何かをはじめ、次第に自分が漠然と気づいていながら理解していないものに、近づいていく。

表象知への言及準拠

さて、「全体」を構成する「要素」も、「全体」を方向づける「目的」も、「全体」の出来ののちにすなわち事後的にはっきりと構成されるが、それらが構成される過程から、表象知がまったく排除されているのではない。それどころか、活動は、表象知と互恵関係にある。活動は、活動だけで自己完結している営みではなく、既存のさまざまな表象知に言及し関与する営みである。ただし、この既存の表象知は、そのまま情報として伝達されるものではない。デューイにとって表象知（「情報」）は、あくまで活動の過程において認識・了解の可能性を喚起する契機として、存在している。

「情報（information）が、ただそれ自体のために保持されるべきものの集

合として子どもに与えられるなら、それは、子どもの生きた経験（vital experience）と混じらず、ただそのうえに積み重なるだけである。情報は、活動それ自体のために行われる活動のなかに、手段としてであれ、目的を拡大するものとしてであれ、組み込まれるときに、有益なものとなる。そのとき、直接的に獲得された洞察が、伝達された知識［＝情報］と融合する」（Dewey 1996, DE, mw.9: 216）。

反省知としての協同性

デューイにとっては、活動のなかで「直接的に獲得された洞察」が、言葉によって伝達された表象知と融合されたときに生じるものが、反省知である。反省知は、もちろんさまざまであるが、デューイにとってもっとも重要な反省知は、協同性（社会性・デモクラシー）にかんする反省知である。デューイにとっては、協同性（社会性・デモクラシー）は、基本的に「利他的」というよりも「愛他的」である相互扶助（mutual assistance）、いいかえれば、無条件の贈与・享受を意味している。

たとえば、デューイは、『デモクラシーと教育』において、専心活動は、それ自体が「［あるべき］社会的情況（social situation）の典型となりうる」という「教育的意義」をふくんでいる、と述べている。すなわち、専心活動の具体的な内容、たとえば、食べること、住まうこと、纏うこと、家具を作ること、生産、交換、消費などには、人が人と生きるうえで必須の相互扶助・贈与・享受という「社会的内実（social quality）」を核とする諸事実や諸原理が染みこんでいる」と（Dewey 1996, DE, mw.9: 207）。

デューイはまた、いわゆる「教科」はすべて「社会的」でなければならない、と考えていた。もっとも「社会的」なことから遠いように見える数学も、たんに「数学的」であるだけでなく、やはり「社会的」でなければならない、と。さもなければ、数学が「目的や活用から切り離された、技術の関係や公理の命題として呈示され」てしまうと、デューイは述べている。

「数学の授業は、数学が社会的道具として呈示されているかいないかによって、その目的をよく達成しているかいないかが、決まってくる。しかし、数

図 6-1 「クラブハウス・プロジェクト」に没頭するデューイ・スクールの子どもたち
授業で学んだ原理を応用し、協同してクラブハウスを建て、そこに備える家具も作る（1900 年ごろ）。
出典：Laurel N. Tanner. *Dewey's Laboratory School: Lessons for Today*. New York, Teachers College Press, 1997, p. 91.

学の授業には、すでに広まっている、知性と人格の分離、知識と社会的行動との分離が、染みついている。そして、数学という営みは、社会的生活のために数学が活用されるという情況から切り離されるとき、純粋な知性の面においても、どうしようもなく抽象化されてしまう。それは、目的や活用から切り離された、技術の関係や公理の命題として呈示されるのだ」（Dewey 1996, MPE, mw. 4: 283-284）。

協同的な知識へ

さらに突きつめていえば、デューイにとっては、知識それ自体が協同的（社会的・デモクラティック）なものでなければならなかった。すなわち、知識は、党派的な対立・敵対を加速させる知識ではなく、愛他的・互恵的な知識でなければならなかった。したがって、学校における活動は、そうした愛他的ないし相互扶助的という生の様態をもたらす活動でなければならなかった。デューイは、デモクラシーと経験について、次のように述べている。

「デモクラシーは、原則として、自由な交流、社会的なつながりに味方するものである。したがって、デモクラシーが発展させるべき知識論は、知識のなかにある方法を見いださなければならない。すなわち、一つ［ある人］の経験が、他［他の人］の経験にうまく方向と意味を与えるような方法である。……教育におけるそのような方法は、学校における知識の獲得が活動ないし専心活動と結びつき、協同的な生の媒体であるような方法である」(Dewey 1996, DE, mw.9: 355)。

経験──〈私〉と世界全体の相互浸透

デューイにとって、「経験」は、個人の私的な感覚や体験ではなかった。デューイにとっての「経験」は、〈私〉と世界の一体性だった。いいかえれば、「経験」は〈私〉が世界全体へと編み込まれている状態に気づくことである。「経験とは、世界との生き生きとした活力あふれる交流である。そして最高度に達した経験は、自分が世界──すなわち自分のまわりの諸事物や諸事象──と完全に相互浸透すること（complete interpenetration）である」(Dewey 1996, AE, lw.10: 25)。

〈私〉が編み込まれている「世界」は「自然」といいかえることもできる。すなわち「経験」とは、自分が自然全体へと編み込まれている状態である、と。デューイは『経験と自然』において、「経験」と「経験されたもの」を区別しつつ、次のように述べている。

「経験は、自然のなかでの、かつ自然についての営みである。経験されたものは、したがって経験ではない。……ある種の様態で諸事物が相互に活動し合っていることが経験である。そうした［状態から取り出された］諸事物が経験されたものである。諸事物がある様態で［いわゆる自然からは区別されるが］もう一つの自然な事象──つまり人間という組成体（organism）──と結びつけられることが、事物の経験のされ方である。経験はつまり、自然の奥に深く入り込むことで、深みをもつ。経験はまたそうすることで、広がりをもつ。経験が無限に柔軟に拡大するからである。経験は伸長するのだ」(Dewey 1996, EN, lw.1: 12-13)。

第6章 プロジェクト活動と存在　　153

　英語の日常的用法のみでデューイの言葉を理解することはできない。デューイの言葉を理解するためにはラテン語の素養が欠かせない。確認しておくなら、experience は、ラテン語の experientia に由来する言葉である。そして experientia は「試みを拡げること」「充分に試みること」を意味する。デューイにとってそれは「繰り返し現在を過去へ・未来へと拡げる」ことであり、繰り返し自己を世界へ・自然へと拡げることである。そうだからこそ、デューイは「デモクラシーとは統治形態を超えるものである。それは本来的に協同化された生の様態（mode of associated living）であり、共存交流化された経験（conjoint communicated experience）である」と書くのである（Dewey 1996, DE, mw. 9: 93）。したがって、デューイの experience を機械的に「経験」と訳すこと自体、ためらわれるべきだろう。デューイの experience は、いわば潜在的な全体経験だからである。

　こうした経験概念を踏まえて語られるデューイの構成的な専心活動の特徴は、デューイの教育論がハイデガー的な存在論に傾斜していることを暗示しているといえるだろう。以下、デューイの構成的な専心活動が、ハイデガー的な存在論に近しいことを、3点ほど確認しよう。第一に、「有用性」から区別される「道具性」という特徴であり、第二に、「個人主体」から区別される「情況内存在」という特徴であり、第三に、「表象・理解」から区別される「気づき」という特徴である。

3　有用性と道具性

有用性

　まず確認しよう。デューイは、当時のアメリカ社会において「有用性」（efficiency「効率性」）が過剰に重視されるところに生まれた、競争への教育やメリトクラシーに危惧を抱いていた。1900年に出版した『学校と社会』（第2版）において、デューイは、当時の学校における「競争」の広がりは「社会的」なものを阻害すると考えて、次のように批判している。

　「［今の学校で常態化している］たんなる知識技能の習得は、明白な社会的動

機（social motive）を何もふくんでいない。また、そうした知識技能の習得に成功したところで、たいした社会的成果（social gain）が生まれるわけがない。というのも、［学校で］成功するためのほとんど唯一の手段が競争的なものであり、それもわるい意味において競争的なものだからである。すなわち、どの子どもが他の子どもに先んじて、もっとも多くの知識技能をたくわえ、ためこむことに成功したのか、それを知るために、復誦や試験が行われ、その結果が比較されるだけだからである。これこそが、今、学校を支配している雰囲気である。そうだからこそ、学校で勉強しているときに、ある子どもが他の子どもを手助けすることは犯罪（crime）である、と見なされるのだ」（Dewey 1996, SS, mw.1: 11＝1998: 73-74）。

デューイにとって、学校における競争の広がりは、教えられる知識技能を内面に貯めこむだけの「受動学習」の広がりと一体であり、どちらも、協同性・隣人愛といった（キリスト教の説く）義務を否定することを意味していた。デューイは、次のように続けている。

「［現在の学校のように］学校における課業がたんにレッスンを受けることを意味している場合、相互扶助（mutual assistance）は、協力と協同（cooperation and association）というもっとも自然な営みではなく、人目をはばかるような疚しい努力に貶められる。子どもがたんにレッスンを受けることは、その隣人への［愛という］当然の義務を奪うことにひとしい」（Dewey 1996, SS, mw.1: 11＝1998: 74）。

機　能

デューイの前に立ちはだかっていた有用性志向という現実すなわち競争への教育やメリトクラシーの拡大浸透という現実は、機能的分化という社会構造の産物である。機能的分化は、19世紀初期以来、近代ヨーロッパ社会を特徴づけてきた社会構造であり、社会的規模で機能（function）によって人の役割・職務・価値が細かく決定されるという状態である。ここでいう「機能」は、新しい商品、新しいデザイン、新しい事実など、なんらかの利潤便益を生みだ

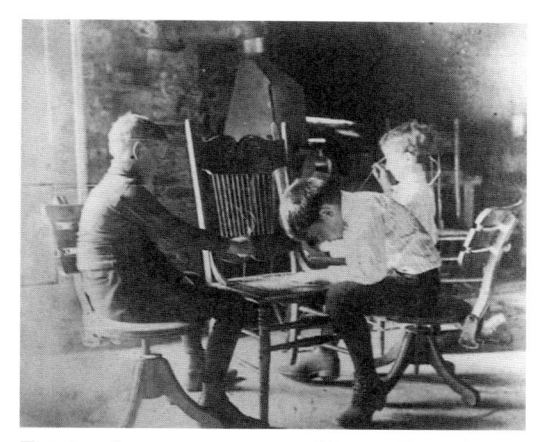

図6-2 デューイ・スクールで協同して椅子を製作する子ども。座面を編んで仕上げている（1900年ごろ）。
出典：Sarah Mondale and Sarah B. Patton, ed. *School: the Story of American Public Education.* Masachusetts, Beacon Press, 2001, p. 77.

す意図的・作為的な営みであり、なんらかの問題解決に技術的・計画的に役立てられる能力である。こうした意図的・作為的な営みを遂行するために技術的・計画的に行使される能力は、機能的分化が広がる世界では、人そのものの価値にひとしくなる。いいかえれば、機能的分化は、人間の社会関係を能力の優劣関係に傾斜させていく社会的趨勢である。

　確認しておくなら、デューイは、こうした機能的な営みを否定しているのではなく、人の営みを視界の狭窄な機能に還元することを否定しているのである。いいかえれば、人の営み全体は、目的・手段・理由を精確に分節し、「なにか」「いかに」「なぜか」という問いに精確に答える命題・言明を用意する営みのみならず、そうした表象知を超える広く深い文脈をともなう知につらなる営みでもある、と考えている。そうしたデューイのスタンスをよく象徴しているものが、道具や技量である。

道具性（≠有用性）

　デューイの専心活動がもっている第一の特徴は、ハイデガーの言葉を使うな

ら、「事物性」(Vorhandenheit［手先にあるもの］)に対立するところの「道具性」(Zuhandenheit［手元にあるもの］)であろう。ハイデガーは、物体・命題のような客体化されたものを「事物性」と呼び、客体化されず世界に内属しているものを「道具性」と呼んでいる (Heidegger 2001；門脇 2010)。デューイのいう専心活動は、たしかに何らかの問題情況においてその問題をうまく解決しようとする問題解決の営みであるが、このとき、その活動で用いられる道具は、問題のように情況から浮き立っていない。道具は、表象（認識）の対象として現象する、いわば「実在物」ではなく、その道具が使われる何らかの「情況」のなかで現象する、いわば「着床物」である。すなわち、道具は、それが使われる場面、それを使う人の役割、その人の人生観、その人の心情的起伏などからなる、一定の「情況」に埋め込まれている。

たとえば、ノコギリ（以下ノコと略）という大工道具は、ノコとともに使われる「カンナ」や「サシガネ」などの他の大工道具、そうした大工道具を使う人びと、そしてそうした大工道具を必要とする木造建築の現場とともにある。ノコは現場という、いわば文脈に埋め込まれている。ノコは、ノコとともに使われることのない『デューイ全集』や『ラテン語辞典』などの哲学研究用の書籍、そうした書籍を使う研究者、そしてそうした書籍を必要としている哲学研究の現場とともにあるのではない。そうした哲学研究という「情況」（文脈）においては、ノコは場違いなものであり「道具」とはいえないのである。

技量（≠能力）

同じように、道具の用い方も、その道具が用いられる固有で切実な「情況」によって大きく規定され、その情況において「技量」として意味づけられている。技量は、固有で切実な情況と不可分であるがゆえに、一般妥当的ではなく固有的である。また技量は、固有で切実な情況と不可分であるがゆえに、言語媒介的ではなく直接的である。テストで測られる「能力」と呼ばれるものが、かならずしも固有で切実な情況を必要としないとすれば、いいかえれば、答案用紙に表象知の記憶を示すだけでも認定されうるとすれば、技量は、固有で切実な情況をまさに必要としているし、そこでのみ認定される。

技量は、方途への慣れ親しみによって身につく。たとえば、厚さ3センチ、

幅25センチの板をまっすぐに切るという目標を達成するためにノコを使うという活動において、人は、ノコの板にたいする角度のとり方や、ノコを引く力の加減の仕方、木材の繊維の方向に合ったノコの選び方、木材の固定の仕方などを、ノコを使いながら会得する。そして慣れ親しんだノコ、使い慣れたノコは、身体の延長である。ノコが触覚のように、木の繊維、水分、硬軟を感じとるからである。ノコに使い慣れるために、ノコの使い方についてのマニュアルを丹念に読んでも、まるで無駄ではないにしても、充分な準備にはならない。ノコの使い方は、つまるところ、ノコを使いながら会得するしかない。

情況内存在（≠個人主体）

　もうすこし言葉を補えば、道具・技量は、その道具を使い、その技量をもつ人と、その人の置かれた固有・切実な情況とが、緊密な相互依存的なかかわりをなしていることを必須の存立条件とする。道具を使い、技量をもつ人が、自分のふるまいを、固有・切実なその情況へと、そのつど適合させるときにのみ、そのふるまいに、私たちは道具・技量を見いだす。したがって、道具・技量は、その道具・技量を用いる人に情況の内に生きている〈私〉という了解を要求する。ハイデガーの「世界内存在」（In-der-welt-sein）という用語にあやかりながら、ひとことでいえば、道具・技能は、人に対して「情況内存在」（in-the-situation-being）という自己了解を要求する。

　こうした情況内存在の自己了解は、道具・技量と同じように、表象（命題化）困難である。情況内存在の自己了解は、「AはBである」という事実命題として言語化したり、「CはDであるべきである」という規範命題として言語化したりすることが、すくなくとも明示的には困難である。自己了解は、わずかにであれ、大きくであれ、そうした命題からはみだしずれてゆくからである。いいかえれば、情況内存在の自己了解は、個人の心のなかにあるということもできるだろうが、それができるのは、あくまでも事後的な反省においてである。情況内存在の自己了解は、おそらく〈私〉と同じような、情況内存在としての自己了解を抱いているだろう他者の行為と、〈私〉の行為との、同型性・類似性を知ることによって、事後的に確認されるだけである。

　情況内存在は「表現」する存在者である。デューイの言い方をあてはめれば、

「表象」する人は「科学者」であり、「表現」する人は「芸術家」である。デューイは、1934年の『経験としての芸術』において、次のように述べている。

「目的が相対的に離れたところにあるので、科学者は象徴・言葉・記号を操りながら思考する。芸術家は、自分が扱っているまさに質的な媒体のなかで思考する。そして芸術家の言葉は、彼が生みだしつつある対象ととても近いところにあるので、その対象のなかにそのまま溶け込んでいく」（Dewey 1996, AE, lw. 10: 21）。

人が情況に内在的であることは、踏み込んでいえば、大工が建築現場を無条件に肯定しているように、ある人と結びあっている世界がその人によって無条件に肯定されていることを含意している。その無条件の〈私〉／世界への肯定という姿勢は、「肯定する」という判断を可能にするような何らかの合理的理由をあれこれ探すという姿勢ではなく、ただ端的に自分と世界の存在を肯定するという存在肯定の姿勢である。この存在肯定の姿勢は、種々の疑問を棄却し、個々の問題を解決することで、得られるものではない。それは、計算・理由を超える存在様態、ある情況において人が生き生きと存在するその仕方、すなわちハイデガーのいう「現存在」（Da-sein）である。

気づくこと（≠表象・理解）

存在肯定の姿勢は、人がもっているだろうもっとも基礎的な倫理感覚に通じているかもしれない。というのも、そこで続けられる営みは、いかに困難に襲われようとも、情況（文脈）から離れず、ただ敢然と他者とともに生きるという営みそれ自体だからである。すくなくともデューイにとっては、人が専心的であるかぎり、その活動は敢然的だった。デューイは次のように述べている。かりに「自分の仕事が生命の危険をともなうものと知っても、［専心する］人は、進んでその危険を、自分の活動の肝要な部分として、取り入れる」はずである、と。なぜなら、そのとき「さまざまな関係性を否定するのではなく、それらを包含しようとする、より広くより大きな自己が、事前に知らなかった関係性でさえも、自分のうちに取り込み、拡大していく」からである、と

(Dewey 1996, DE, mw. 9: 362)。この「より広くより大きな自己」は、先に述べた、より深い「情況」としての「全体」と一体化している自己である。

この「より広くより大きな自己」の敢然性は、キリスト教の神学的存在論の「気づき」概念を思い出させるだろう。というのも、ティリッヒ（Tillich, Paul）に見られるような、神を「存在それ自体」と見なす神学的存在論は、人はすでに神すなわち「存在」に帰属しているないしその中で顕現していると体感していると考えるとともに、人は自分がなすべきことを専心的に行い続けるなかで、知らず知らずのうちにその「存在」に傾く営みを続けるようになり、しだいに自分が「存在それ自体」に帰属している事実に気づく、と考えるからである。確認しておくなら、神を「存在それ自体」と見なすことは、ティリッヒの創見ではなく、旧約聖書の記述、すなわち「出エジプト記」（3.14）において、モーセが神の名を問うたときに、神が「私は『在りて在る者』（Ego sum qui sum）」と答えた、という記述に由来している。

ともあれ、ティリッヒが『組織神学』で述べているように、神学的存在論においては、人の「存在それ自体」への帰属（ないしそれへの顕現）は、あくまでも体感すなわち「気づかれる」（awareness/Gewahrwerden）ものであり、命題・言明として理解されるもの、表象されるものではない。人の「存在それ自体」への帰属（ないしそれへの顕現）は、あくまで「すでにそうである」と感受されるものである（Tillich 1951/57/63, vol.1: 206-207）。ちなみに、この「存在それ自体」への帰属の「気づき」について、ジジェク（Zizek, Slavoj）は次のように述べている。「主体は、絶対者という大文字の存在それ自体を「［自分の］内にとりこみ」「［自分と］結びつける」のではない。主体は、たんにこの大文字の、それ自体においてという存在様態が、自分に対してまさに存在するという事実に気づくのだ」と（Zizek 1992=1996: 153 訳文変更）。

予感（≠規範）としての協同性

すくなくとも、デューイにとって、専心活動が協同性に通じるのは、それがすでに人びとの活動や関係のなかに予示されているからである。デューイは、『公衆とその問題』のなかで、家族、教会、隣人のなかに見いだされる「局所的なものは、究極的世界であり、ほとんど絶対的存在である」と述べている。

なぜなら、こうした局所的なものが「局所的共同体を、その構成員の専心と配慮と献身の真の中心として創出することに寄与する」からである、と (Dewey 1996, PP, lw.2: 369)。つまり、デューイにとっては「局所的なもの」は、はじめから協同性への志向性をはらんでいる。いわば、デューイにとっての協同性は、具現すべき予感として、すでに一人ひとりのなかに存在している。

デューイは、この予感としての協同性の原型は、目的の変容と完遂、他者との別離と再会が交錯するなかで、その相対立する局面を果敢に生き抜くことで、「調和の感覚」(sense of harmony) という、いわば原形象として、人の心の奥底に記憶され、私たちの生を根底から支えていくものである、という。またデューイは、予感としての協同性は、人が過去と未来を熟慮しつづけることで、それぞれがもたらす囚われや恐れを払拭し、「幸福な時間」(happy periods) を招来し、環境と一体化することである、という。そしてデューイは、『経験としての芸術』において、次のように述べている。

「私たちが桎梏や葛藤の諸局面を経験することで、生の根底に横たわる調和の感覚が記憶され、私たちの心の奥底に残っていく。この調和の感覚は、岩盤のうえに存在するという感覚であり、この感覚は、私たちの生から決して離れることがない」(Dewey 1996, AE, lw.10: 23)。
「私たちが繰り返し現在を過去と未来へと拡げるからこそ、経験の幸福な時間が到来する。すなわち、過去の記憶、未来の予期を吸収することではじめて、完全な経験が生じる。この完全な経験こそが美的な理想を創りだす。過去の事象が人の営みを妨害せず、未来の予期が人を不安に追い込まなくなるとき、人は環境と完全に一体化する。そして人は十全に (fully) 生きられる」(Dewey 1996, AE, lw.10: 23)。

喚起／応答という営み

なるほど、「予感」という言い方は、自然科学・社会科学の常識的な思考に反するだろう。かつてポパー (Popper, Karl R.) は、マルクスの「歴史主義」を批判し、人間の科学的知識は未来を完全に予知しえない、と述べた。すなわち「もしも成長してゆく人間の知識というものがあるなら、明日になってはじ

めて知ることを今日のうちに予知することは不可能である」と（Popper 1957＝1961: 5）。したがって、小さなさまざまな調整を積み重ねる「ピースミール・テクノロジー」（piecemeal technology）、「ピースミール思考」（piecemeal thinking）が「自然科学のみならず社会科学においても、実効的な成果を挙げるための主要な方途である」と（Popper 1957＝1961: 94）。たしかに事実についてはそのとおりだろうが、そうであるということは、協同性の予感を抱くことは不可能であるということではない。

　おそらく、協同性の予感は、本来的に協同的である世界・自然からの喚起であり、そうした世界・自然への応答である、といいかえられるだろう。さらに拡張していえば、世界・自然からの喚起／それらへの応答という営みは、人が何かを知るときの基本的様態といえるかもしれない。すなわち、人が何かを「理解する」とき、それは何かに対する意図的な働きかけというよりも、何かが「わかる」こと、すなわち呼びかける何かが現れ、その呼びかけに応えるという営みかもしれない。そしてこの喚起／応答の営みの結果が、いわゆる「意味」（シニフィエ／シニフィアン）かもしれない。「これは何？」と問いかけ、「これは猫」と答えること、問われるものとしてのシニフィアンが出来し、答えられたものとしてのシニフィエの出来すること——そうしたわかるという営みは、自律的主体の意図的行為ではなく、世界・自然のなかに生きているという現実が人に求める基礎的営みではないだろうか。

4　専心活動の存在論

事後構成概念の言説

　私は、デューイの専心活動論をハイデガーの存在論に引きつけすぎたかもしれない。しかし、デューイのいう専心活動は、おそらくはハイデガーの「事物性」と「道具性」の矛盾関係のような、機能と存在の矛盾関係を熟知しながら、ハイデガーと同じように、この二つを階層的につないでいるように見える。すくなくともデューイは、有用性に対抗する価値概念として協同性（社会性・デモクラシー）概念を提起しているのではない。有用性の前提として、そこに在るにもかかわらず対象・実体として意識されないように在るものとして、協同

性（社会性・デモクラシー）を語っているのである。

デューイのいう協同性（社会性・デモクラシー）が、人の存在を支えながら、情況・全体から浮き上がらず陰伏的なまま在るものだとすれば、それらは、手段でもなければ、能力でもない。それらは、道具として、技量としてすでに在るものである。広い意味でそれらは、たしかに「役に立つもの」と意味づけられるが、狭く浅い作為的目的のための作為的手段として役立てられるものではなく、情況・全体を顧慮する無条件の非作為的な営みとしてたんにすでに役立っているものである。端的にいえば、それらは基礎存在である。

協同性（社会性・デモクラシー）のような人を支えている基礎存在は、それが概念的に語られるとすれば、基本的に事後構成概念としてであろう。協同性（社会性・デモクラシー）のような人を支えている基礎存在は、その人が生き生きと活動しているときに、その活動を支えているが、その活動によって隠されているのであり、人は、その活動をやめるとき、その活動をふりかえるとき、その活動を支えていたものに気づくのである。たとえていえば、健康なときの内臓は、その存在を浮き立たせないが、病気のときの胃がその存在を浮き立たせるように。人を支える基礎存在を語る言説がハイデガー流の「存在論」であるとすれば、それは事後構成概念の言説である。

実存主義ではなく存在論

ハイデガーの存在論は、いわゆる「実存主義」と一体ではない。佐藤隆之の研究（2004）は、キルパトリック、デューイの「プロジェクト」に「プログラム」を超える実存主義的意義を見いだしている。それは「実存を脅かされる危機的状況のなかで自己と対峙し、その状況を超克しようと不確定なる未来に自己を賭す投企」という意義である。なるほど「投企」は「人間の生の根幹」にかかわり、「それを支える根源的な活動」である（佐藤 2004: 105）。そして佐藤隆之の指摘は、彼が述べているように、佐藤学がプロジェクトに見いだす「現実の裂け目に教師が自らの存在を投企して関係の編み直しをはかる」ことに通じている（佐藤 1997: 7; 佐藤 2004: 107）。

しかし、私たちがプロジェクト活動に見いだそうとしてきたことは、プロジェクトの「投企」としての含意ではない。それは、サルトル的な実存主義では

なく、ハイデガー的な存在論である。いいかえれば、目的合理性に傾斜する意図・反省に発する営みではなく、世界内存在につらなる専心・協同の営みそのものである。たしかに投企は、それが敢然性であるかぎり、「人間の生の根幹」にかかわっている。しかし「人間の生の根幹」それ自体は、人が専心するときに現れる「共存在」という存在論的様態、いわばもっとも自然な愛他の営みである。私たちの実存を脅かしているものは、このもっとも自然な愛他の営みを愚弄し、些末な規則随順性や狭窄なエゴイズムに浸かりながら、その事実を認めようともしない構造的実践である。正義や規範、効率や価値を、大局的・根本的な幸福という観点から意味づけることをせず、決疑論的に論じ、寛容さや冗長性を無視する言動である。最後に、存在論的傾きをもつデューイのプロジェクト活動の含意についてふれておきたい。

「理性からの解放」のなかで

　現代の日本社会を生きる子どもたちは、おもちゃから空調にいたるまで、物質的に豊かな環境に囲まれているが、かならずしも人間的に豊かな関係を結んでいるとはいいがたい、といわれてきた。地域社会の揺らぎ、個人主義の浸透、生活の多忙細分化、成果主義の拡がり、経済のグローバル化などによって、子どもたちをとりまく人間関係は、人間的に豊かな関係とはいいがたい状態に陥りつつある、と（たとえば、河合 1990；高橋 2007；藤田 1991）。そうした困難な情況にあるなら、私たちは、子どもたちが、実質的であれ形式的であれ、一般的であれ汎用的であれ、能力の多寡を超えて、相手の存在それ自体を承認し相手に真摯に応答する機会を、意図的に用意しなければならない。

　しかし、他者存在の承認と応答のための確かな礎は、なかなか見いだしえない。高度に機能的分化が生じ続けている現代社会は、社会全体（人びと全体）を制御する統一的理念をもちえない社会である。いいかえれば、中世ヨーロッパの「神意」や「精神」、近代ヨーロッパの「理性」や「道徳性」のような、人びとすべてを動員し先導するような普遍的言説を編制することは、もはや私たちにはできないだろう。したがって、現代社会において問題となることは、なるほどルーマンがいうように「理性への解放」ではなく「理性からの解放」なのだろう。経済的合理性、審美的合理性、道徳的合理性などの、さまざまな

合理性の併存状態をうまく調整しながら生き抜くことなのだろう。

　しかし、もしもプロジェクト活動が、そうしたさまざまな合理性を強調し、それらをうまく使うことだけに習熟する教育方法となってしまえば、プロジェクト活動は、子どもたち一人ひとりの存在を看過するだろう。プロジェクト活動は、たんなる機能分担活動となり、能力の多寡による評価を広めていくことになるだろう。プロジェクト活動は、機能的分化をあらためて構造化する営みの一つにすぎなくなるだろう。すくなくとも、デューイが提唱したプロジェクト活動は、そうした機能的分化に抗する思想的な力を秘めている。プロジェクト活動にふくまれている専心活動は、経験を深め、文脈を広げ、自分と他者の緊密なつながりを暗示し、他者存在の承認と応答を支える礎になるからである。子どもたちの希望は、種々の合理性の使い手の手にあるのではなく、一つひとつの専心活動の担い手の手にある。経験の衰弱は希望の衰弱である。経験の衰弱は協同性の衰弱につながり、ニヒリズムの蔓延につながるからである。経験の力をあらためて活性化しようと意志することも、どうせうまくいかないのだからと諦めることも、私たちに託された選択肢である。　　　　　（田中智志）

〈引用・参考文献〉

門脇俊介　2002　「認知と感情──ハイデガー的アプローチ」門脇俊介・信原幸弘編『ハイデガーと認知科学』産業図書。
門脇俊介　2010　『破壊と構築──ハイデガー哲学の二つの位相』東京大学出版会。
河合雅雄　1990　『子どもと自然』岩波書店。
佐藤隆之　2004　『キルパトリック教育思想の研究──アメリカにおけるプロジェクト・メソッド論の形成と展開』風間書房。
佐藤学　1997　『教師というアポリア──反省的実践へ』世織書房。
高橋勝　2007　『経験のメタモルフォーゼ──〈自己変成〉の教育人間学』勁草書房。
田中智志　2009　『社会性概念の構築──アメリカ進歩主義教育の概念史』東信堂。
野村芳兵衛　1974（1925）「教育の本質論」『野村芳兵衛著作集』第6巻　黎明書房。
藤田英典　1991　『子ども・学校・社会──「豊かさ」のアイロニーのなかで』東京大学出版会。

Dewey, John　1996　*The Collected Works of John Dewey, 1882-1953: The Electronic Edition*, edited by Larry A. Hickman. Charlottesville, Virginia: InteLex Corporation.
　　SS＝*The School and Society* (rev. edn. 1915 mw. 1) ＝　1998　デューイ（市村

尚久訳)「学校と社会」『学校と社会　子どもとカリキュラム』講談社（学術文庫）。
MPE＝*Moral Principles in Education*（1909 mw. 4)
HWT 1＝*How We Think*（1910 mw. 6)
DE＝*Democracy and Education*（1916 mw. 9)＝　1975　デューイ（松野安男訳）『民主主義と教育──教育哲学入門』（上・下）　岩波書店。
EN＝*Experience and Nature*（1925 lw. 1)
PP＝*The Public and Its Problems*（1927 lw. 2)
HWT 2＝*How We Think*（1933 lw. 8)
AE＝*Art as Experience*（1934 lw. 10)
EE＝*Experience and Education*（1938 lw. 13)＝　2004　デューイ（市村尚久訳）『経験と教育』講談社（学術文庫）。

Dreyfus, Hubert L.　1991　*Being-in-the-World: A Commentary on Heidegger's Being and Time*, Division 1. Cambridge, MA: The MIT Press.

Gardner, Howard/Feldman, David Henry/Krechevsky, Mara eds.　1998　*Project Zero Frameworks for Early Childhood Education*, 3 vols. New York: Teachers College Press.

Hegel, Georg Wilhelm Friedrich　1991　*Georg Wilhelm Friedrich Hegel Werke*. 20 Bde. Taschenbuch. Frankfurt am Main: Suhrkamp Verlag.
PG＝*Phäenomenologie des Geistes*, in *HW* Bd. 3.

Heidegger, Martin　2001　*Sein und Zeit*. Tübingen: Max Niemeyer Verlag.

Kilpatrick, William H.　1918　"The Project Method," *Teachers College Record* 19 (Sept.): 319-334.

Kilpatrick, William H.　1940　*Group Education for a Democracy*. New York: Association Press.

Kilpatrick, William H.　1951　*Philosophy of Education*. New York: Macmillan. ＝　1969　キルパトリック（村山貞雄・柘植明子・市村尚久訳）『教育哲学』1/2 明治図書出版。

Kilpatrick, William H.　1971 (1925)　*Foundations of Method: Informal Talks on Teaching*. New York: Macmillan/Arno Press.

Lagemann, Ellen Condliffe　2002　*An Elusive Science: The Troubling History of Education Research*. Chicago: University of Chicago Press.

Popper, Karl R.　1957　*The Poverty of Historicism*. London: Routledge and Kegan Paul. ＝　1961　ポパー（久野収・市井三郎訳）『歴史主義の貧困──社会科学の方法と実践』中央公論社。

Tillich, Paul　1951/57/63　*Systematic Theology*, 3 vols. Chicago: University of Chicago Press.

Tillich, Paul　1987 (1946)　"The Two Types of Philosophy of Religion," in *Main Works/Hauptwerke*, vol. 4. New York/Berlin: Walter de Gruyter.

Westbrook, Robert　1993　*John Dewey and American Democracy*. New York:

Cornell Univ Press.

Wittgenstein, Ludwig 1968 *Philosophische Untersuchungen*, 3rd edn., G. E. M. Anscombe ed. Oxford: Basil Blackwell. ＝ 1976　ウィトゲンシュタイン（藤本隆志訳）「哲学探究」『ウィトゲンシュタイン全集』第8巻　大修館書店。

Zizek, Slavoj 1992 *For They Know Not What They do*. London/New York: Verso. ＝ 1996　ジジェク（鈴木一策訳）『為すところを知らざればなり』みすず書房。

終 章　プロジェクト活動という指標

　プロジェクト活動の含意を確認するために、現代日本の社会構造を把握しよう。現代日本の社会構造は基本的に機能的分化である。機能的分化社会では、さまざまな機能システムが相互に利用しあうという有用性によって結び付いている。教育システムも基本的に有用性によって方向づけられている。有用性は重要な価値だが、しばしば交換的思考を呼び寄せ、愛他の意思を退けてしまう。教育学はこれまでにも、愛他の意思を重視し、かけがえのない一命を護ろうとしてきた。教育思想史は、近代教育思想が、部分的ながらも、愛他の意思をともなっていたということを確認しなければならない。現代のカリキュラムのなかでもっとも愛他の意思に通じている学習活動は、プロジェクト活動である。プロジェクト活動は、子どもを専心させることで、活動内思考を生みだし、知の文脈を拡充し、表象知を叡智としてよみがえらせるだけでなく、存在論的思考を生みだし、共存在という生の本態を暗示し、機能システムを倫理的に方向づけるからである。つまるところ、プロジェクト活動の扱いは、教育システムの健やかさをはかる重要な指標である。

　「生への愛は、貨幣への愛に取って換わりうるだろうか。他人はともかく、少なくとも私たちは、自分の哲学と教育をこの新しい方向へ向けるべく努力することができる」。　　　　　リード『経験の必須』（Reed 1996＝2010: 179）

1　機能的分化と教育

プロジェクト活動を縦糸に

　ごく簡単にこれまでの議論をふりかえっておこう。第Ⅰ部の第1章「プロジェクト活動としての「手工」」で、私たちは、高く評価されている現代フィン

ランドの小学校のカリキュラムをとりあげ、その中心に「手工」と呼ばれる専心活動を見いだした。そして第2章「プロジェクト活動としての「生活単位」」では、日本のプロジェクト活動の原型を及川平治の「分団式動的教育論」のなかに確認し、「生活単位」と呼ばれた授業単元に、また子どもを「真理の探究」に向かわせる働きかけに、専心活動に連なる教育実践を見いだした。さらに第3章「プロジェクト活動と知」では、ヘルバルト、デューイに言及しつつ、こうした専心活動において形成される知が、事前に設えられた表象知ではなく、活動中に形成される思考であり、その思考がよりよい生を求める倫理的衝迫に裏打ちされているかぎり、その思考は試行錯誤、揺動苦悩といった生の経験をともなっていくと述べた。

　第Ⅱ部の第4章「幼小連携とプロジェクト活動」では、アメリカの進歩主義教育思想の幼小連携論がプロジェクト活動に支えられた議論であったことを確認し、その議論の核にあった「社会的生活」（つまるところ「協同性」）の含意がほとんど日本に伝わらなかっただろうと述べた。第5章「「協働自治」に向かうカリキュラム」では、プロジェクト活動を重視する野村芳兵衛の「生活教育論」のなかに、デューイの「社会的生活」につらなる生（生活）概念を見いだしたが、その議論が有用性に傾斜しているのではないかと述べた。そして、第6章「プロジェクト活動と存在」は、生（生活）の本態をとらえるために、プロジェクト活動（専心活動）によって知の文脈が拡充されるとともに、存在論的思考が喚起され、デューイの言葉でいえば「協同性」、ハイデガーの言葉でいえば「道具性」という様態、いいかえれば、共存在という生の本態が顕れるだろう、と論じた。

　本書のこれまでの行論は、よくいえば多彩であるが、わるくいえば分散しているように見えるだろう。プロジェクト活動を縦糸にしつつ、できるだけ文脈を広げようとしたためだが、これでもやむなくそぎ落とした部分は少なくない。基本的に第Ⅰ部の主題は、プロジェクト活動と知の形成との関係であり、第Ⅱ部の主題は、プロジェクト活動と生の本態との関係である。あらためて論じたいと思うことは少なくない。ともあれ、この終章においては、これまでの議論を踏まえつつ、現代日本社会におけるプロジェクト活動のもつ含意（インプリケーション）を確認しよう。

機能的分化という社会構造

現代日本社会は基本的にどのような社会なのか、そして現代日本の教育は現代日本社会からどのような影響を受けているのか。この二つの問いに、ここで端的に答えるなら、まず、現代日本社会は、「天皇崇拝」「長幼の序」「家父長制」「家柄・家元」などに顕れている伝統的・心情的な位階的秩序をともないながら、すくなくともその趨勢においては「機能的分化」を社会構造とする社会である、と答えられる。また、現代日本の教育は、この機能的分化が人びとの言動を「有用性」(usefulness)へと方向づけるという作用に大きく影響されている、と答えられる（田中 2011）。

かつてデュルケームが強調したように、実際に行われている教育は、当該の社会構造に枠づけられている。いいかえれば、現実の教育の多くは、日本であれ、西欧であれ、当該社会に生きている人びとの言動形態の反映、とりわけ社会的規模で構造化されている言動形態の反映、と見なすことができる。そして、この社会的規模の言動形態に見いだされる構造（規則の集合）が社会構造である。現代日本社会をふくめ、近現代社会におけるもっとも優勢な社会構造は機能的分化である。近現代社会は、基本的に機能的コミュニケーションの種類によって区別され分化し、システムを構成している。

教育システムの三つの機能

近現代社会を構成する主要な機能的コミュニケーションについて、ルーマン(Luhmann, Niklas 1927-1998)の社会システム論を下敷きにしながら、あらためて確認しておこう（田中 2011 参照）。たとえば、財の分配・交換といった経済的機能があり、これにかんするさまざまな機能的コミュニケーションが「経済システム」をつくりだしている。また、集団的な意志決定といった政治的機能があり、これにかんするさまざまな機能的コミュニケーションが「政治システム」をつくりだしている。また、紛争の解決・調停といった司法的機能があり、これにかんするさまざまな機能的コミュニケーションが「法システム」をつくりだしている。そして、人生への準備という教育的機能にかんするさまざまな機能的コミュニケーションが「教育システム」をつくりだし、真理の探究という学術的機能にかんするさまざまな機能的コミュニケーションが

「学術システム」をつくりだし、さらに生命の維持という医療的機能にかんするさまざまな機能的コミュニケーションが「医療システム」をつくりだしている。

　教育システムについてのみ、もうすこし詳しくその営みを述べておこう。教育システムの主要な教育的機能である人生への準備は、学力形成、人間形成、選抜配分という三つのサブ機能に分けられる。ごく大まかにいえば、人間形成は、特定のシステムからではなく、社会全体からの要請を受けて教育システムが担ってきた教育的機能であり、学力形成と選抜配分は、おもに政治システム、経済システムからの要請を受けつつ、教育システムが担ってきた教育的機能である。教師・教育学者は、本来、教育システムの機能不全（いわゆる「教育問題」）を言語化し、その解決をはかるという役割を担っている。これが、教育システムのもう一つの機能すなわち対自的機能である。これは、いいかえれば、教育システムに対する教育システムの「自己反省」という機能である。

有用性志向

　近現代社会を大きく規定しているこうしたさまざまな機能のうち、有用性（とりわけ経済的利益ないし市場的価値）に直結する機能は、それ以外の価値につながる営みから分けられるが、有用性に直結する機能は、それ以外の価値につながる営みを大きくうわまわる傾向にある。たとえば、カナダの哲学者テイラー（Taylor, Charles）があらためてとりあげたような「ロマン主義」的な価値観、すなわち個々人の「内的な自然」に自己形成の源泉を見いだし、その可能性に賭けるという価値観、またドイツの哲学者ハバーマス（Habermas, Jürgen）が見いだしたような「合意形成」的な価値観、すなわち自他の相互受容的な「相互性」に人間形成の契機を見いだすという価値観、さらにフランスの哲学者マルセル（Marcel, Gabriel 1889-1973）が語ってきた「キリスト教的存在論」の価値観、すなわち個々の「存在者」の「存在」に自己形成・社会形成の基礎を見いだすという価値観などを、うわまわる傾向にある。

　そうした機能の有用性志向が、ものごとを資本・権力・威信などの目的を達成する手段に還元しようとする考え方、たとえば、能力主義・メリトクラシー・成果主義の風潮の背景である。こうした有用性志向の社会における基本的

な構造化作用は、経済的利益、政治的支配力、社会的権威が価値あるものと見なされ、その有用性中心の価値観によって人が価値づけられ、配置されたり、排除されたりすることである。フランスの社会学者ブルデュー（Bourdieu, Pierre 1930-2002）の言葉を用いていえば、文化も資格・学歴といった「文化資本」（capital culture）に、また容姿でさえも好感度・満足度といった「社交資本」（capital social）、つまり経済的な有用性中心の交換価値に回収されんとしている。ポーランド生まれの社会学者バウマン（Bauman, Zygmunt）のいう「リキッド化」（liquidation）は、こうした経済的な有用性中心の価値観が生みだしたものであり、それは、もっとも速やかに自分の利益を確保することだけが人生の目的となり、他者も自然もすべてその目的を達成する手段に還元され、つまるところ、人が「使い捨て」になることである（Bauman 2000＝2001; 2004＝2007）。

決疑法と批判的精神

現代社会において重視される「コミュニケーション能力」も、こうした有用性志向から逃れられない。たとえば、主張し反論し論証する能力が、習得すべき「コミュニケーション力」としてしばしば重視される。何を論じるべきか、論争するべき主題についての議論は棚上げされ、論争に勝ち利益をあげるための議論の方法ばかりが強調される。いいかえれば、人が道徳や正義のような規範を具体的事例に適用するときに生じる問題をたくみに処理し、相手の論説を否定し自説を正当化する技法、つまり「決疑法」（casuistry/casuistique）ばかりが強調される。しかし、アメリカの心理学者リード（Reed, Edward S.）が述べているように「決疑法は好ましい技能であるが、人生にとってはささいな目標でしかない」（Reed 1996＝2010: 189）。決疑法は、利益への意図に溢れているが、よりよい生への意思を欠いている。

もっとも、現代日本のさまざまな機能システムは、ただ有用性志向に翻弄されているだけではない。教育システムも、政治的・経済的な有用性志向という構造化作用にただ従属し馴致されているのではない。すくなくとも教育学という学問は、現代においても、そして過去においても、よりよい生への意思をもち、教育を政治的・経済的手段として利用しようとする国家権力・市場機構、

いいかえれば政治的・経済的な有用性志向を批判し、それらを対象化しようとしてきた。たとえば、かつての大正新教育も、たしかにのちに論難されてきたように、日本の教育を大きく変える力になりえなかったが、その試み自体は因習的な制度への、そして抑圧的な国家権力への批判という明確な意思をふくんでいた。そうした近代教育の批判的な試みのもつ意義は、その試みの失敗によって看過されるべきではない。

2　教育を支える愛他の意思

愛他の意思

　現在、教育学という学問領域は、教育社会学、高等教育論、教育方法論、カリキュラム論など、多岐に分化しているが、その一分野である教育思想史は、教育実践・教育思想の歴史的・哲学的批判を行っている。なるほど、教育思想史の定義もさまざまだろうが、すくなくとも私たちにとっての教育思想史は、教育という営みを歴史社会全体のなかに位置づけるとともに、その批判的試みの敗北を照らしだそうとする営みである。私たちにとっての教育思想史の主要な課題は、教育にふくまれていたよりよい生への意思を描きだすとともに、その意思が挫折していった経緯を確かめることである。そうしたよりよい生への意思の敗北は、現代においても用意され続けている。大局を忘れ、志を失い、方法と手順と先例の枝葉末節に拘泥する人びとによって、現代教育におけるよりよい生への意思は、たえず挫かれようとしている。教育思想史の課題は、時代の趨勢、日々用意されていく敗北への道によってかき消されそうになっているよりよい生への意思を確かめ、記録しつづけることである。

　こうした教育思想史研究において確かめるべきよりよい生への意思は、すくなくとも私たちにとっては、「愛他（altruism）の意思」である。ここでいう愛他の意思は、いわゆる「利他」ではない。愛他の意思は、他者への無条件の贈与享受、純粋な共鳴共振という衝迫——この傷んでいる人を助けたい、この人と共に生きたい、この人に寄り添いたいといった衝迫——に発する。愛他の意思は、国家・集団・個人の利益を埒外に置き、ただ愛する他者のかけがえのない命のためだけに祈り闘おうとする衝迫である。こうした愛他の意思は、河

合隼雄のいう「魂の呼びかけ」に重なっているだろう（河合 1987: 136）。私たちは、教育思想史の研究者として、教育言説の存立を歴史的・社会構造的に読み解くことで、その言説の傍らに浮かびあがる愛他の意思を聴き取りたいと思っている。いいかえれば、教育言説を、何らかの合理性や支配力や有用性に還元してはならないと考えている。

　ふりかえってみれば、近代教育は、愛他の意思から無縁ではなかったが、その望みを十全に達成することがなかった。教育という営みは、おそらく近代におけるその誕生の時期から、愛他の意思をふくんでいた。たとえば、本論でふれてきた教育思想家は、愛他の意思を教育の核にすえていた。フレーベルやペスタロッチの教育実践は、愛他の意思に彩られていた。また、デューイやデュルケームの教育論にも、及川平治や野村芳兵衛の教育論にも、愛他の意思を見いだすことができる。しかし、彼らの果敢な試みは、充分な成果を挙げなかった。愛他の意思は棄却され続けてきた。愛他の意思を棄却するというこの近現代社会の不条理は、いつまでたってもなくならないのかもしれない。しかし、かりにそうであるとしても、人は事実として、その不条理をなくすという達成しえない望みに向かう営みを繰り返してきた。教育という営みは——「教育」と呼ばれる営みのすべてではないが——そうした不条理に抗い、不条理をなくそうとする営みの一つである。

自己創出支援という愛他の営み

　「教育の営み」といっても、その中身はさまざまである。子どもに対する具体的な教育活動（教育実践）についても、その定義はさまざまだろう。私たちは、この教育活動を、愛他の意思をもちつつ、子どもたち一人ひとりの自己創出への支援と考えている。すなわち、教育活動とは、一人ひとりの子どもの人生をよりよくしようと願いつつ、その活動に真摯に応答することで、一人ひとりの肯定的な自己創出（自分を自分が肯定的に創りだすこと）を支え助けることである、と。ここでいう「自己創出」は、ルーマンのいう「オートポイエーシス」（Autopoiesis）の流用である（田中・山名 2004）。このように教育活動を規定するとき、肯定的な自己創出への支援に反する考え方や形骸化した教育方法は、教育活動としては認められない。たとえば、子どもの生育過程の独自

性を看過し子どもの固有性を無視したような「一斉教授」や「規律訓練」などは、教育活動としては認められない。

　確かめておくなら、教育を自己創出への支援ととらえることは、教育の技法すべてを拒否することではない。「教育的指導」「教育的働きかけ」と呼ばれる営み、たとえば、かつて野村芳兵衛が「教育意識」や「指導意識」と呼んで全否定した営みを、全否定する必要はない。なるほど、野村のいうように、過剰な「教育的指導」や「教育的働きかけ」は否定されなければならない。しかし、より厳密な言い方をするなら、否定されるべきは、子どもを客体としてとらえ、意図的に操作しようとする態度である。すなわち、必要なことは、人が生きることを近代的な主体／客体の図式から切り離すこと、人の生を他者・世界から完全に自立している客体ととらえるのではなく、世界のなかにあり愛他の営みによって基礎づけている活動ととらえることである。たとえば、フルッサー（Flusser, Vilém 1920-91）が『サブジェクトからプロジェクトへ』という著書で述べている「生への姿勢そのものについてのプロジェクト」は、そうした生のとらえなおしの一つである（Flusser 1994＝1996: 179 訳文変更）。

交換的思考と愛他の意思

　私たちにとって、人生の根幹に愛他の意思を見いだすことは、一つの命を有用性と不可分である交換の概念から切り離して考えることである。たとえば、「この扉を閉ざし、多くの人を死にいたらしめるウィルスを研究所のなかに閉じこめるなら、外にいる99人の人を救うことができるが、中にいる1人を殺すことになる」という情況を考えてみよう。こうした情況におかれるなら、人は、やむをえずその扉を閉めるだろう。すなわち、この行為を「やむをえない」行為と感じるだろう。この「やむをえない」行為を「もっともな」行為にすりかえる思考が、交換的思考である。すなわち、命の大切さを命の数の多寡に縮減する、すなわち切りつめ落としこむという考え方である。この交換的思考にしたがうとき、この行為が「やむをえない」と形容されるときに人が感じる苦しさは、薄れたり消えたりする。

　人が生きることの根幹に愛他の意思を見いだすという考え方は、古くからあった。たとえば、キリスト教においては、愛他の意思は一つの命を無条件に大

切にすること、一命を代替不可能性ととらえることにひとしい。『聖書』の「ルカ伝」において、イエスは次のように述べている。「あなたたちのなかに、100匹の羊を飼っている者がいるとしよう。その者は、そのうちの1匹がいなくなったら、残りの99匹を野原に残したままにして、いなくなったその1匹を見つけるまで、捜しつづけるのではないか。そして見つけたら、喜んでその羊を抱きかかえて帰るはずである」と（ルカ14.15）。すなわち、はぐれた1匹の羊は、代替可能な1匹ではなく代替不可能な1匹である、と。

　命の大切さを命の数で計られるものと考えず、一命の代替不可能性と考えて、交換的思考を退けるための具体的方法を追求し開発することが、広義のテクノロジーの仕事である。いいかえるなら、愛他の意思を抱きつつ、すべての命を救う可能性を追求し実現することが、テクノロジーの使命である。そう考えるかぎり、交換概念を流用し、一つの命を犠牲にして99の命を救ったことに心苦しさを感じないような人は、人命にかかわるテクノロジーにかかわる資格をもたない。命の大切さは、一つひとつの命のかけがえのなさの感受によってのみ理解される。これが命にかかわるテクノロジーの大前提である。そしてまたこれは、教育の技法を語り行ううえでの大前提でもある。

野村の「愛」について

　ここで、さきにとりあげた野村芳兵衛のいう「愛」と、私たちがいう愛他の意思とのずれを確かめておきたい。私たちにとって、教育活動は愛他の意思に基礎づけられていなければならない。野村は、なるほど「愛」の大切さを一貫して説いてきた。しかし彼は、教育活動を「愛」によって基礎づけてきたというよりも、「愛」を教育実践におけるその機能によって価値づけてきたのではないか。私たちにとって愛他の意思は危機に瀕しているが、野村にとって「愛」は有用性によって危機に瀕していなかった。つまり、私たちにとって強調すべきものは愛他の意思であるが、野村にとってのそれは有用性であった。野村は、たとえば、1932年に「健康なる愛は実践であらねばならぬ」「実践なき友情は必ず腐る」と述べている。ここでいう「実践」は、理論に対する実践ではなく、有用性ないし実効性を意味している。また野村は、「単に訓練を否定することによって、愛の観念的完成に終始」するのではなく「訓練を取入れ

ることによって、積極的に、現実の社会生活を統制し、事実の上に教育を完成すべきである」と述べている（野村 1973［1932］: 63）。ここでいう「訓練」は、自発的活動に対立する、有用な能力形成である。

なるほど、野村のいうとおり、「愛」は、その相手を具体的に支援する技法をともなうべきである。他者を大切に思う気持ちは、他者を実際に助けたり救ったりする目的合理的な手段を要している。しかし、そうした有益な技術・方法をともなわなくても、「愛」は、野村がいうように病んだり腐ったりはしない。というのも、「愛」は、愛他の営みすなわち逝き去りつつある人と共にただ在り続けること、ただその命に思いをこらし、心を配ることでもあるからである。そして、私たちの誰もが、この世に生まれたときから逝き去りはじめている。デリダ（Derrida, Jacques 1930-2004）が最晩年に「生き残り」（survivre/überleben）という言葉で表現しているように、人は、大切な誰かを残し逝き去ることから無縁に生きることができない（Derrida 2005＝2005: 24-25）。野村は、彼が生きていた時代の「児童中心主義」を批判し、そこで語られる「愛」の観念性・抽象性を警戒するあまり、「愛」によって人の存在の本態を語ることよりも「愛」の実践性・実効性を強調してきた。

存在論的様態としての愛他の営み

私たちが野村の議論を念頭に置きながら区別すべきことは、ハイデガーのいう「道具性」とヴェーバー（Weber, Max）のいう目的合理的な「機能」との違いである。いいかえるなら、生の本態が「道具性」の欠損状態ではなく「道具性」の充足状態であるということである。役に立つことが重視される「手段」は、「道具性」の欠損状態においてこそ、求められる。たとえば、胃の調子が悪いときにはじめて胃の存在が浮き立ち、よく効く胃薬が必要になるように。しかし一般には、胃の調子が悪いという状態は、特異な状態であり、通常の状態ではない。したがって、日常生活においてたえず目的合理的な技術・方法を求めることは、特異な状態を通常の状態と誤認することであり、倒錯に陥ることである。

たしかに何らかの目的合理的な技術・方法によって問題を解決したり課題を達成したりすることは大切であるが、日常生活においてもっとも大切なことは、

問題情況にただたんに目的合理的に対処する技術・方法ではなく、あれこれと揺れ動きながらも、悩み苦しみながらも、一命に無条件に贈与享受し、一命と純粋に共鳴共振して生きることそれ自体である。すなわち、逝き去る運命にある一命と共に在り続けること、その一命に思いをこらし、心を配ること、可能なかぎり、その一命の充溢を共にはかることである。端的にいえば、存在論的様態として愛他の営みをなすことである。巧緻な話術という技法であれ、資本の運用という技法であれ、問題解決・課題達成の手段を所有していることは大切だが、その技法に意義と意味を与えるものは愛他の営みである。いわば、機能的言動を支えているものが、ハイデガー的な「道具性」の生、愛他の営みである。生の本態は、この愛他の営みであり、「共存在」(être avec/Mit-sein) という存在論的様態として人びとが生きていることである。目的達成の手段は、そうした生の本態によって倫理的に基礎づけられるだろう。

3 プロジェクト活動という指標

機能的／存在論的の重層的区別

　教育活動は存在論的様態である愛他の営みに基礎づけられるべきであるという考え方は、機能的思考と存在論的思考が、区別されながらも重層している、という考え方をふくんでいる。機能的思考と存在論的思考を区別する指標は、〈目的合理的／非目的合理的〉、〈能力的／非能力的〉、〈表象的／非表象的〉、〈主体的／非主体的〉などいくつもあるが、さしあたり強調したい指標は、〈意図的・分節的／無意図的・前分節的〉という区別である。念のためにいえば、この区別は二項対立ではない。二項対立は意味（命題）の対立であるが、無意図的・前分節的であることの意味は未確定だからである。無意図的・前分節的であることは、「シニフィエ」(signifié/signified 意味とされたもの) ではなく「シニフィアン」(signifian/signifier 意味となりうるもの) だからである。いいかえれば、それは、問いに対する答えではなく、問われているものだからである。存在論的思考は、無意図的・前分節的でありながら、機能的思考を、いわば下から支え、愛他的・倫理的に方向づけている。私たちがプロジェクト活動に見いだそうとしてきたのは、そうした存在論的思考である。

機能的思考と存在論的思考とを重層的に区別することは、序章で述べたような、生の存立構造を機能的レベルと存在論的レベルという二つの層の重なりとしてとらえることと同じである。すなわち、現代社会を生きる私たちの生は、有用性に彩られたさまざまな機能的コミュニケーションを、愛他の意思をともなう存在論的思考によって裏打ちし倫理的に基礎づけることによって成り立っているととらえることと同じである。どんなに生産的で実効的な機能システムであっても、その機能的コミュニケーションを担う人びとを内側から支えている共存在という生の本態が失われるなら、機能システムは人を倫理的に支えるものにならない。無条件の贈与享受、純粋な共鳴共振が失われるとき、つまるところ存在論的様態としての愛他の営みが退けられるとき、機能システム、たとえば、教育システムは、子どもたち一人ひとりのよりよいものへ向かう自己創出を支援することができなくなるだろう。そして教育システムが、子どもたち一人ひとりのよりよいものへ向かう自己創出支援を看過することは、つまるところ、私たちの未来を閉ざし、私たちの歴史を終わらせることである。

　たとえば、デューイのいうデモクラシーではなく、いわゆるデモクラシーすなわち全員参加の多数決による「社会的意思決定」なるものは、参加している個々人の人生にとっても、その集団全体にとっても、「社会的」なものとはならず、悪しき結果をもたらすことがある。手続きというルールをいくら平等にしても、その平等な手続きは、よりよいものへの営みを具現化するという保障をもたない。平等な手続きだけでは、よりよいものへの営みは具現化しない。手続きを決定するルールが「社会的」ではないからである。これは、セン(Sen, Amartya) のいう「リベラル・パラドクス」である（Sen 1982＝1989）。このリベラル・パラドクスが生じるのは、手続きを具体的に決定する人すなわち意思決定に参加している人が狭隘で私的な利害関心に囚われているからである。それは、センの言葉を用いていえば「正義」を欠いているからであるが、私たちの言葉を用いていえば、利害関心を自分を超えて、他者へ、世界へと、過去へ、未来へと、つながりを拡大する存在論的思考をもたないからであり、共存在という存在論的な生の様態を前提に生きていないからである。

　また、近年の教育論議の動向に見られるように、能力概念・学力概念をあれこれと機能的に分節化することが最重要なのではない。もちろん、能力概念・

学力概念そのものの精緻化は必要である。しかしそれは、すくなくともプロジェクト活動の本義を理解するために、そして生きることの本態を理解するうえで特別に必要であるというわけではない。たとえば「一般的能力」（general abilities）と「汎用的能力」（generic skills）を区別することが説かれているが、それはあまり重要ではない。なるほど、自己省察と結びついた実存主義的な深みをもつ「一般的能力」は、どこでも・いつでも問題解決に力を発揮する一般陶冶的な広さをもつ「汎用的能力」から、概念としては、区別されるべきである。しかし、それらの能力概念を区別したところで、プロジェクト活動や生きることがより深く理解できるわけではないだろう。というのも、どちらの能力も、容易に「国家」や「会社」や「組織」のために動員されてしまうだろうし、愛他の営みから隔たりうるからである。

プロジェクト活動の本態

現代のカリキュラムのなかでもっとも愛他の営みに通じているだろう教育活動（学習活動）は、プロジェクト活動である。なぜなら、プロジェクト活動は、活動内思考を生みだし、知の文脈を拡充し、表象知を叡智としてよみがえらせるだけでなく、存在論的思考を生みだし、機能システムを倫理的に方向づけるからである。もう少し言葉を補おう。まず第一に、プロジェクト活動は、子どもたちを専心させることで、活動内思考を紡ぎだし、この活動内思考に裏打ちされた表象知を構成していく。いいかえれば、プロジェクト活動を通じて、子どもたちの知は、活動的に文脈を広げ、生き生きと躍動する実践知（フロネーシス phronesis）へと変貌していく。また第二に、プロジェクト活動は、子どもたちを専心させることで、生（生活）の存立構造を暗示し、機能システムを方向づける存在論的思考の視座をもたらす。いいかえれば、プロジェクト活動を通じて、子どもたちの経験は、ハイデガーの言葉を用いるなら「道具性」の経験となり、またデューイの言葉を用いるなら「協同性」の経験となり、存在論的思考をつちかい、共存在という生の本態を暗示し、この共存在という生の本態、つまるところ愛他の営みによって機能システムを倫理的に基礎づけ方向づけていく。

したがって、否定されるべきことは、表象知それ自体ではなく、表象知の形

骸化であり、問題視されるべきことは、生（生活）の道具性ではなく、生（生活）の手段化である。表象知は、人が一定の情況（文脈）のなかで、何らかの問題解決・課題達成に専心することで、正しく基礎づけられる。そのとき、表象知は、それが活用されることで、生き生きとしたものとして再現前する。このとき、表象知は、生き生きと生動し表象不可能である現実としてのアクチュアリティの代補にすぎないものからアクチュアリティに充溢していくものへと転成する。いいかえれば、たんなる記号から活用される実践知（フロネーシス）へと変貌する。フィンランドの手工も、及川平治の「生活単位」学習も、このたんなる記号から活用される実践知への変貌に彩られていた。さらにそのとき、生（生活）は、活動内思考とともに、狭量な手段につらなることをやめて、より広範なつらなりすなわち存在論思考、共存在というみずからの本態に通じていく。いいかえれば、このとき、生（生活）はたんなる日常から倫理的な生存へと転成する。たんに利得につながるものから倫理につながるものへと変貌する。デューイの社会的生活（協同性）も、ハイデガーの道具性も、倫理につながっている。

プロジェクト活動という指標

　存在論的思考、存在論的様態が機能システムを下から支えているにもかかわらず、実際にきわだつものは機能システムを彩る有用性志向である。有用性は、意図的・分節的であるという意味で、すなわち目的合理的・二項図式的であるという意味で、存在論的思考を棄却し、存在論的様態を看過させる傾向にある。その有用性志向は、プロジェクト活動にもつねに滲入し、その存在論的含意を脅かしてきた。そして「手間がかかる」「役に立たない」という理由で、プロジェクト活動そのものも棄却してきた。有用性志向はまた、プロジェクト活動を速やかな情報伝達の手段に還元しようとしてきた。プロジェクト活動を、子どもが表象知をしっかり記憶しうまく活用するためのたんなる経験学習の方途と見なしてきた。それは、プロジェクト活動が開く知の本態、生の本態を看過し、プロジェクト活動を形骸化することである。

　プロジェクト活動を棄却したり形骸化したりする有用性志向は、いいかえれば、機能システムの維持再生産という目的に仕えている。教育システムで語ら

れる有用性は、他の機能システムすなわち経済システム、政治システムの維持再生産という目的のための有用性、たとえば「即戦力確保」のための有用性や「国体保持」のための有用性であるだけでなく、教育システム自体の維持再生産という目的のための有用性、たとえば「成績向上」「規律訓練」のための有用性でもある。機能システムがつねに拡大しつづけ、その機能の維持再生産を制度化するとき、機能システムは、有用性の目的を愛他の意思から切り離し、ついには一命のかけがえのなさを無視する暴力に転化するだろう。機能システムを構成している機能的コミュニケーションは、かけがえのない生身の人間そのものではないからである。

　したがって、プロジェクト活動の扱われ方は、教育システムがどのくらいの愛他の意思を看過し、一命のかけがえのなさを無視する暴力へと転化しているのか、その程度を示す一つの指標である。いいかえれば、プロジェクト活動の扱われ方は、教育システムの健やかさをはかる重要な指標である。たとえば、教育関係者がプロジェクト活動を「学力低下」の犯人と決めつけることは、未来を腐敗させる危険な考え方であり、知の様態、生の様態にかんする思慮を欠いた狭量な考え方である。さらにいえば、プロジェクト活動の棄却や形骸化は、ただプロジェクト活動の本質が失われることを意味していない。それは、近代教育思想の本質を失うことにつながっている。さきにふれた愛他の意思こそプロジェクト活動に、そして近代教育思想に見いだされるべきその本質だからである。本書は、プロジェクト活動を存在論的にとらえなおすことで近代教育思想の真の力を暗示する試みでもある。　　　　　　　（田中智志・橋本美保）

〈引用・参考文献〉
河合隼雄　1987　『子どもの宇宙』岩波書店。
田中智志　2011　「教育システム――社会の中の教育」田中智志編『教育学の基礎』一藝社。
田中智志・山名淳編著　2004　『教育人間論のルーマン――人間は〈教育〉できるのか』勁草書房。
野村芳兵衛　1973（1932）「生活訓練と道徳教育」『野村芳兵衛著作集』第３巻　黎明書房。

Bauman, Zygmunt　2000　*Liquid Modernity*. Cambridge: Polity Press.＝　2001

バウマン（森田典正訳）『リキッド・モダニティ——液状化する社会』大月書店。

Bauman, Zygmunt 2004 *Wasted Lives: Modernity and its Outcast*. Cambridge: Polity Press. = 2007 バウマン（中島道男訳）『廃棄された生——モダニティとその追放者』昭和堂。

Derrida, Jacques 2005 *Apprendre à vivre enfin: Entretien avec Jean Birnbaum*. Paris: Galilee. = 2005 デリダ（鵜飼哲訳）『生きることを学ぶ、終に』みすず書房。

Flusser, Vilém 1994 *Vom Subjekt zum Projekt: Menschwerdung*. Bensheim: Bollmann. = 1996 フルッサー（村上淳一訳）『サブジェクトからプロジェクトへ』東京大学出版会。

Reed, Edward S. 1996 *The Necessity of Experience*. New Haven: Yale University Press. = 2010 リード（菅野盾樹訳）『経験のための戦い——情報の生態学から社会哲学へ』新曜社。

Sen, Amartya 1982 *Choice, Welfare, and Measurement*. Oxford: Basil Blackwell. = 1989 セン（大庭健・川本隆史訳）『合理的な愚か者——経済学＝倫理学的探究』勁草書房。

あとがき

　プロジェクト活動論をめぐる私たちの遍歴は、現代のフィンランドに始まり、大正期の及川平治、ヘルバルトとデューイ、進歩主義期のアメリカと日本、大正昭和期の野村芳兵衛をへて、デューイとハイデガーにたどり着いた。なんとも風変わりで節操のない行論に見えるかもしれない。

　本書を企画した時期は2010年の夏である。現代日本の教育実践が抱える根本問題について、二人で何度か話し合うなか、本書のプランが浮かびあがってきた。それは、端的にいえば「協働的学び」「探究型学習」のようなプロジェクト活動のもつ魅力と困難を描くというプランである。

　ただ、本書のアイデアそのものは、すでに10年前の2001年に生まれていたのだろう。そのころ、学校にプロジェクト型の授業を導入することが論じられていたが、橋本は、「どうしてかつて失敗した試みを繰り返し試みるのか」と、当時、同僚だった田中にたずねた。この問いは、そののち、私たちのなかでことあるごとに反芻された。橋本は、「新教育」が繰り返される歴史的必然性を探求したいと考えるようになり、大正新教育運動の指導者、及川平治の教育思想と、それに基づくカリキュラム改造運動について調べ始めた。田中は、学部生のときに鈴木慎一先生（現・早稲田大学名誉教授）から紹介された鹿野政直のデモクラシー論を読みなおした。また数年後、田中が東京学芸大学を離れ、山梨学院大学に赴き、そこで新たに附属小学校を創設したさいに、新しい教科として「プロジェクト」を導入したのも、橋本のこの問いに答えたいと思ったからである。

　現代社会は、日々の生活世界・私秘領域が機能ごとに細かく分断され散逸してゆく社会である。いいかえれば、さまざまな種類の「目的／手段の連関」に満ちた社会である。こうした機能分化社会では、協同が「連携協力」にすりかわったり、探究が「技術開発」にかたむいたり、専心が「事務処理」にとってかわったりする。問題は、そうした有用性志向それ自体ではなく、その有用性

志向によってプロジェクト活動に体現されるような真摯なる僥倖の開示する「世界」が看過されることである。いいかえれば、自他の結びつき、人間と自然との結びつきの真の様態が見逃されることである。つまるところ、真理を愛し信じ、幸運に感謝する営みが条件付き・説明付きの営みに還元されてしまうことである。

そうでなくとも、プロジェクト活動は繊細で、思いもかけない理由で、たとえば、協働する人びとのささいな気持ちの行き違いでおたがいが疑念を増幅しあうことで、阻まれてしまう。重要なことは、真摯な想いが招き寄せる僥倖を信じ、相手に心を贈ることである。言葉は大切なメディアだが、相手に気持ちの一部を伝えることができるだけである。相手に自分の誠意を贈り続けること以外に、相手の不安や疑いを取り払う方法はない。失敗や過誤は、心を贈る人の想いに支えられるとき、静かに受け容れられ、彼方に過ぎ去り、今後をよりよく生きる糧へと変わるだろう。心を贈る人とともに乗りこえられない問題など、ありはしない。協働を支える協同性という生の本態は、もっとも根源的でありながら、しかしもっとも困難な営みである愛に、通じているのだろう。

こうした困難を抱えているにもかかわらず、というよりも困難を抱えているからこそ、プロジェクト活動は、学校に定着させなければならない。協働的・探究的、そして専心的な教育こそが、私たちが未来に遺すべきよりよい社会の構築につながる営みだからである。私たちが子どもたちに遺すべきものは、子どもたちがこの世界こそが自分たちの居場所だと感じられる社会への途である。

そうしたよりよい社会にいたる途として学校があるとすれば、その学校は、子どもたちが心から安心し果敢に挑戦し心を躍らせる学校である。そうした魅力的な学校は、なによりもまず協働・探究、そして専心をカリキュラムの本態とした学校にちがいないだろう。そうした学校を少しでも多く具現化することに、本書がわずかばかりでも寄与すれば、と心から願っている。

末尾ながら、本書をまとめるにあたり、何度も訪問させてもらった山梨学院大学附属小学校（山内紀幸校長、甲府市）のみなさんに、心から御礼申し上げます。同校の「プロジェクト活動」から、私たちは、じつに多くの知見を得る

ことができました。表紙のカバーには、同校の「2012年学校案内」より、「プロジェクト活動」のひとこまの写真を使用させていただきました。転載をご許可いただき、ありがとうございました。

　また、東京大学出版会の後藤健介さんには、前回の『キーワード　現代の教育学』につづき、お世話になりました。依田浩司さんには、こまやかで的確な編集をしていただきました。心から御礼申し上げます。

　　2012年1月19日

田 中 智 志
橋 本 美 保

初出一覧

すべての原稿には、大幅な加筆および修正を行った。

序　章　橋本美保「歴史に見る探究型学習のカリキュラム」『「探究型」学習をどう進めるか』（教職研修総合特集、新教育課程の学習プロセス No. 3）教育開発研究所、2008 年 8 月、28～31 頁。

第 1 章　書き下ろし。

第 2 章　橋本美保「日本の近代化と総合的学習」『「総合的な学習」のカリキュラムをつくる』（教職研修 3 月増刊号）、教育開発研究所、2000 年 3 月、50～53 頁。

橋本美保「日本における少人数指導の歴史」『一人ひとりの学びを育む少人数指導のマネジメント』（教職研修 4 月増刊号）、教育開発研究所、2006 年 4 月、21～24 頁。

第 3 章　田中智志「プロジェクト活動と知——表象知と生の経験」『東京大学大学院教育学研究科基礎教育学コース　研究室紀要』第 37 号、2011 年 6 月。

第 4 章　橋本美保「アメリカ幼稚園運動における進歩主義の幼小連携カリキュラム——その理論的背景と日本に伝えられた実践情報」『アメリカ教育学会紀要』第 19 号、2008 年 11 月、51～64 頁。

第 5 章　橋本美保「歴史に見る基礎基本のカリキュラム」『新しい「基礎・基本の習得』（教職研修総合特集、新教育課程の学習プロセス No. 1）、教育開発研究所、2008 年 4 月、18～21 頁。

橋本美保「歴史に見る活用型学習のカリキュラム」『「活用型」学習をどう進めるか』（教職研修総合特集、新教育課程の学習プロセス No. 2）、教育開発研究所、2008 年 6 月、16～21 頁。

第 6 章　田中智志「プロジェクト活動と社会構造——機能性・道具性・存在論」京都大学高等教育研究開発推進センター主催講演会　発表原稿、2011 年 1 月。

終　章　書き下ろし。

索引

ア　行

愛　126, 131, 133-134, 175-176
アイゼンハワー（Eisenhower, D. D.）　9
愛他　18
　──の意思　21, 167, 172-173, 181
在りて在る者　159
暗黙知　16, 88
生き残り　176
「生きる力」　29, 45, 47, 64, 117-118
意識的認知　76
『意思と表象としての世界』　81
イソップ寓話　70
『一般教育学』　75, 78, 80
ヴァンデウォーカー（Vandewalker, N. C.）　99
ヴィトゲンシュタイン（Wittgenstein, L.）　149
ヴェーバー（Weber, M.）　129, 176
及川平治　9, 45, 51, 53, 60-64, 66, 117
往来物　119
オーシア（O'shea, M. V.）　13

カ　行

ガードナー（Gardner, H.）　142
ガイスラー（Geißler, E. E.）　76
学年分団式　52
学力形成　170
かけがえのない一命　167
カシテュオ　36-37
過程　60
可動分団式　52-53
鹿野政直　135
カリキュラム　27-29, 106, 117-118
完全性　76, 117, 133
敢然性　136
寛容性（ゆるみ・ゆとり）　126
管理　84

「基礎・基本」　117-120
「北風と太陽」　70
機能的コミュニケーション　169
機能的分化　21, 141, 155, 164, 169
木下一雄　107
木下竹次　50
教育システム　167
教授
　一斉──　59, 111
　形式──　12
　実質──　12
　実物──　48
　事物──　47
　直観──　47-48
共存在　21, 84, 167, 177-178
協働　8, 126, 133
　学級全体の──　128
協働自治　21, 50-51, 117, 123, 126, 130, 132, 137, 168
協働体社会　130, 137
協同　16
　──性　8, 11, 18-19, 38, 69, 137-138, 144, 150, 162, 168, 179　→社会的生活
興味関心　80-82, 126
共鳴共振　172
協力　8
　──意志　129
キルパトリック（Kilpatrick, W. H.）　1, 4-5, 10, 29, 94, 113, 142-144
倉橋惣三　105-106, 110-111, 113-114
グループ・システム　52
クレーリー（Crary, J.）　75
訓練　84, 176
経験　152
ゲーテ（Goethe, J. W. v.）　79
決疑法　171
ケルシェンシュタイナー（Kerschenstein-

er, G.) 37
現存在 158
言明 72
交換的思考 167
公利 131
コース・オブ・スタディ 28
国際学力調査（PISA） 30
国際幼稚園連盟（IKU） 99
五段階教授法 49, 85, 122-123
固定分団式 52
コンダクト・カリキュラム 102

サ 行

サーチ（Search, P. W.） 59
「作業学習」 117
サロモン（Salomon, O.） 37
視界 72
自学自習 63
シグネウス（Cygnaeus, U.） 27, 35-37, 40
思考の表出 79
事後構成概念 17
自己制御 143
自己創出 173
自己反省 170
ジジェク（Zizek, S.） 159
思想界 75
自治 130
実践知（フロネーシス） 179
実存主義 162
児童研究運動 96
シニフィアン 161, 177
シニフィエ 161, 177
篠原助市 13
事物性 18, 156, 161
社会的生活 9, 21, 93, 95, 97, 114-115, 168
　　→協同性
社交資本 171
習慣目録 102, 108-109
手工 20, 27, 35-41, 168
主体 72
シュトリュンペル（Strümpell, L.） 13

唱歌 47-48
情況 141, 146-147, 156
ショーペンハウアー（Schopenhauer, A.） 81
人格形成 101
人格発展 61
神性 76
進歩主義教育運動 4, 94
真理そのもの 59, 64-65
真理の探究 20, 45, 61, 65
　　——法 59-61, 64
スニッデン（Snedden, D.） 4, 54
「3 R's」（スリーアールズ） 118-120
スロイド 37
　　教育的—— 27, 35, 37
生 80, 83-85, 121
　　——の経験 69, 85
　　——の本態 167
成果主義 121
生活 20, 123, 132
生活教育 7, 21
　　——論 10, 135, 137, 168
生活経験 46-47, 86-87
生活単位（単元） 20, 45, 53-54, 59, 64-65, 125, 168
精神 76
『精神現象学』 79
生命 131, 133, 137-138
世界像 72
世界内存在 157
セン（Sen, A.） 178
専心活動（作業） 1, 4, 19, 27, 38, 40, 69, 98, 141, 145, 168
全体 146, 149
選択配分 170
相互依存 99
総合的学習 1, 30, 45-47, 51, 59
相互扶助 154
贈与享受 172
ソーンダイク（Thorndike, E. L.） 99
存在論 141
　　——的思考 167, 177-178, 180

タ　行

大正自由教育　9
大正新教育　9-11, 50
代替不可能性　175
魂　76, 80
　　——への刻印　79
探究型学習　1, 3, 30
単元　4
タンメラ・スクール　31
致思　84
知性（intellectus）　78
調和の感覚　160
ツィラー（Ziller, T.）　85
テイラー（Taylor, C.）　170
ティリッヒ（Tillich, P.）　159
デモクラシー　8, 137, 178
デューイ（Dewey, J.）　1, 4-5, 8-11, 18, 20, 38, 40, 73, 82-83, 87, 93-94, 97, 113, 137, 142, 145, 147, 154-155, 158, 161, 178-179
寺子屋　119
デリダ（Derrida, J.）　176
テンプル（Temple, A.）　101, 107
統覚　76
投企　162-163
道具性　18, 156, 161, 168, 176, 179
陶行知　5
動的教育　60-61
　　——論　9, 45
動的世界観　45, 60
陶冶　14-15
　　形式——　12-14, 38, 63
　　実質——　12-14, 63
篤信　18
ドクロリー（Decroly, O.）　54
土俗的精神　135

ナ　行

中野光　10
為すことによって学ぶこと　5
ニーチェ（Nietzsche, F.）　14-15, 86

ニートハマー（Niethammer, F. I.）　12
ニーマイア（Niemeyer, A. H.）　12
人間形成　170
能率　128
能力　11, 17-18, 156
　　一般的——　179
野村芳兵衛　10, 21, 51, 117, 121, 123, 126, 128, 130-131, 133, 135-136, 175

ハ　行

パーカー（Parker, S. C.）　101-102, 107
ハイデガー（Heidegger, M.）　18, 21, 72, 84, 156-157, 161, 179
バウマン（Bauman, Z.）　171
バグリー（Bagley, W. C.）　13
羽仁もと子　51
ハバーマス（Habermas, J.）　170
反省　84
反省知　150
反省的思考　4
反知性主義　9-10
汎用的能力　179
ピースミール思考　161
ピースミール・テクノロジー　161
必要　126
表象　11, 18-19
表象圏　75-76, 78
表象知　17, 20, 65, 69, 72-74, 88, 149-150, 168, 180
表象的志向性　18
ヒル（Hill, P. S.）　4, 102
『ファウスト』　79
フェリエール（Ferriére, A.）　54
ブッデ（Budde, G.）　12
ブライアン（Bryan, A. E.）　96
ブラノム（Branom, M. E.）　4
フルッサー（Flusser, V.）　174
ブルデュー（Bourdieu, P.）　171
フレーベル（Fröbel, F. W. A.）　21, 27, 36, 93, 96
プロジェクト・アプローチ　3, 142
プロジェクト型授業　3, 141

索引

プロジェクト活動　1, 4, 8-9, 11, 19-21, 39, 45, 49, 54, 73, 87, 94-95, 113-114, 137, 164, 167-168, 178-181
プロジェクト・スペクトラム　3
プロジェクト・メソッド　1, 5, 21, 29-30, 59, 124-125, 128, 141-142, 144
プロブレム・メソッド　124-125, 128
文化資本　171
『分団式各科動的教育法』　13
分団式教育法　45, 51-53
分団式動的教育法　51, 168
文脈　16
ヘーゲル（Hegel, G. W. F.）　77, 79-80, 86
ペスタロッチ（Pestalozzi, J. H.）　27, 36, 47-48
ベルグソン（Bergson, H. -L.）　62
ヘルバルト（Herbart, J. F.）　20, 54, 74, 76-77, 80-83, 86
ヘルバルト主義　82
──教育学　122
方法的単元　122-123
ホール（Hall, G. S.）　93, 96
没入的志向性　18
ポパー（Popper, K. R.）　160
ボビット（Bobbit, J. F.）　54
ホフスタッター（Hofstadter, R.）　9
堀七蔵　105, 107-108, 110-111
ホレースマン・スクール　108, 110-111
「本当な生活」　117, 136-138

マ　行

マイアー（Meier, D.）　86-87
マルセル（Marcel, G.）　170
水プロジェクト　3, 7
ミュンヘン・プラン　37
明示知　16-17
命題　72
メディア・リテラシー　120
メリトクラシー　121, 153-154
目的合理性　71, 129
森岡常蔵　13
問題解決（課題達成）　3, 6-7, 180
──学習　3, 6
問答　48

ヤ　行

友情　129
有用性　18-19, 21, 121, 141, 167
幼小連携　21, 111, 114
──カリキュラム　93-95, 102-103, 113
幼稚園　93, 100-101, 113
──運動　94
予感　160
よりよく生きること　73-74
四段階学習　122

ラ・ワ　行

ライン（Rein, W.）　85
ラヴィッチ（Ravitch, D.）　9
リード（Reed, E. S.）　171
リキッド化　171
理性（ratio）　78
理想　61, 63
利他　172
リチャーズ（Richards, C. R.）　4
リベラル・パラドクス　178
『理論的教育学』　13
倫理的衝迫　82-83, 88, 168
倫理を体現する堅固な人格　78
類化　76
ルーマン（Luhmann, N.）　169, 173
歴史主義　160
レンドール（Randall, J. H.）　4
労作学校　37
ロジャーズ（Rogers, A. L.）　108
わかる（できる）　11-12, 16

〈著者紹介〉

田中 智志（TANAKA Satoshi）

1958年　山口県生まれ
1983年　早稲田大学教育学部卒業
1991年　早稲田大学大学院文学研究科博士後期課程満期退学
2007年　博士（教育学）東京大学
現　在　東京大学大学院教育学研究科教授
著　書　『他者の喪失から感受へ――近代の教育装置を超えて』（勁草書房 2002）
　　　　『教育学がわかる事典』（日本実業出版社 2003）
　　　　『教育人間論のルーマン――人間は教育できるのか』（共編著 勁草書房 2004）
　　　　『臨床哲学がわかる事典』（日本実業出版社 2005）
　　　　『人格形成概念の誕生――近代アメリカ教育概念史』（東信堂 2005）
　　　　『キーワード 現代の教育学』（共編著 東京大学出版会 2009）
　　　　『教育思想のフーコー――教育を支える関係性』（勁草書房 2009）
　　　　『社会性概念の構築――アメリカ進歩主義教育の概念史』（東信堂 2009）
　　　　『学びを支える活動へ――存在論の深みから』（編著 東信堂 2010）
　　　　ほか

橋本 美保（HASHIMOTO Miho）

1963年　広島県生まれ
1986年　広島大学教育学部卒業
1990年　広島大学大学院教育学研究科博士課程後期中途退学
1996年　博士（教育学）広島大学
現　在　東京学芸大学教育学部教授
著　書　『東城町史』4 近現代資料編（共編著 広島県東城町 1993）
　　　　『明治初期におけるアメリカ教育情報受容の研究』（風間書房 1998）
　　　　『日本教育大学協会50年のあゆみ』（共編著 日本教育大学協会 2002）
　　　　『教職用語辞典』（共編著 一藝社 2008）
　　　　『新日本教育年記』第13巻（共編 学校教育研究所 2011）
　　　　『新しい時代の教育方法』（共著 有斐閣 近刊）ほか

プロジェクト活動――知と生を結ぶ学び

2012年2月20日　初　版

［検印廃止］

著　者　田中智志・橋本美保

発行所　財団法人　東京大学出版会

代表者　渡辺　浩

113-8654　東京都文京区本郷 7-3-1 東大構内
http://www.utp.or.jp/
電話 03-3811-8814　Fax 03-3812-6958
振替 00160-6-59964

印刷所　大日本法令印刷株式会社
製本所　牧製本印刷株式会社

Ⓒ 2012 Satoshi Tanaka and Miho Hashimoto
ISBN 978-4-13-051320-3　Printed in Japan

Ⓡ〈日本複写権センター委託出版物〉
本書の全部または一部を無断で複写複製（コピー）することは，著作権法上での例外を除き，禁じられています．本書からの複写を希望される場合は，日本複写権センター（03-3401-2382）にご連絡ください．

田中智志 編　今井康雄	キーワード 現代の教育学	A5判・2800円
今井康雄 著	メディアの教育学	A5判・5000円
佐藤　学 編　今井康雄	子どもたちの想像力を育む	A5判・5000円
小玉重夫 著	教育改革と公共性	A5判・5200円
上野正道 著	学校の公共性と民主主義	A5判・7200円
浅井幸子 著	教師の語りと新教育	A5判・6200円
矢野智司 著	贈与と交換の教育学	A5判・5400円

ここに表示された価格は本体価格です．御購入の際には消費税が加算されますので御了承下さい．